JULIANO POZATI

OS SEM RELIGIÃO

Os sem religião

Copyright © 2023 by Juliano Pozati

1ª edição: Agosto 2023

Direitos reservados desta edição: CDG Edições e Publicações

O conteúdo desta obra é de total responsabilidade do autor e não reflete necessariamente a opinião da editora.

Autor:
Juliano Pozati

Preparação de texto:
3GB Consulting

Revisão:
Jacob Paes

Projeto gráfico e diagramação:
Jéssica Wendy

Capa:
Juliano Pozati / Jéssica Wendy

DADOS INTERNACIONAIS DE CATALOGAÇÃO NA PUBLICAÇÃO (CIP)

Pozati, Juliano
  Os sem religião : um guia para liberdade espiritual de quem já não cabe em lugar nenhum / Juliano Pozati. — Porto Alegre : Citadel, 2023.
  160 p.

ISBN: 978-65-5047-249-8

1. Espiritualidade 2. Pensamento livre 3. Religiões I. Título

23-4258   CDD 211.4

Angélica Ilacqua - Bibliotecária - CRB-8/7057

Produção editorial e distribuição:

contato@citadel.com.br
www.citadel.com.br

JULIANO POZATI

OS SEM RELIGIÃO

**UM GUIA PARA LIBERDADE ESPIRITUAL
DE QUEM JÁ NÃO CABE EM LUGAR NENHUM**

CITADEL
Grupo Editorial

2023

"CEDO OU TARDE,
VOCÊ VAI APRENDER,
ASSIM COMO EU APRENDI,
QUE EXISTE UMA DIFERENÇA
ENTRE CONHECER O CAMINHO
E TRILHAR O CAMINHO."

MORPHEUS – *MATRIX*

Para o meu filho, que tem a oportunidade de crescer como um livre pensador espiritualizado.

Para minha esposa, que escolheu trilhar o caminho comigo.

Para todos os meus amigos, parceiros de trabalho e alunos passados, presentes e futuros do Círculo Escola, porque descobriram que o espírito da ciranda é mais importante do que a roda e que a espiritualidade verdadeira supera toda religião.

E às minhas queridas Bruxa e Grazi, cujos inputs ajudaram a rechear muitas páginas deste livro.

*Obrigado, Marcial, irmão, amigo e editor, por emprestar
estas páginas impressas às vozes que não param de gritar
por liberdade dentro de mim.*

SUMÁRIO

Este livro pode pegar mal pra você, ou não... _____13

"Agora é hora de você assumir... e sumir!" _____21

O pesadelo de toda avó tradicional _____ 29

Por que as religiões nunca estiveram tão preocupadas

com as estatísticas? 35

Muito prazer, eu sou um "none", e vou muito bem, obrigado! 38

Caderninho de caligrafia 41

É hora de você se encontrar _____ 47

Fase 1: Ovelhas felizes 52

Fase 2: Fé-de-mais não cheira bem 54

Fase 3: O sabor amargo de não caber 58

Fase 4: O primeiro rompimento 67

Fase 5: O medo da transição a partir das crenças limitantes 71

Fase 6: O rompimento total 73

Fase 7: Quando a ciência nos leva para Deus 81

Fase 8: Espiritualista bêbado 86

Fase 9: O todo em tudo 89

Fase 10: Livre pensador espiritualizado 94

Espiritualidade: não é sobre ser religioso, é sobre ser humano — 99

A espiritualidade afeta a forma como vivemos a vida, em todas as suas dimensões — 105

Religião: um produto criado *on demand* — 112

O paradigma culto-clero-dia-templo — 113

Por que o paradigma culto-clero-dia-templo nos capturou por tanto tempo? — 114

Do dogma à gnose — 123

Conselhos práticos, ferramentas e provocações — 133

Ovelhas felizes — 136

O buraco das perguntas — 142

Comece pelo sentir — 145

Conflitos, confrontos e encontros do processo — 146

A história é mestra e ensina, mas não aprendemos a ouvi-la — 149

Menos é mais — 151

Vozes que falam na sua cabeça — 155

ESTE LIVRO PODE PEGAR MAL PRA VOCÊ, OU NÃO...

O k, se o pessoal da sua paróquia, igreja, centro, mesquita, sinagoga, terreiro, seita pegar você lendo este livro vai dar ruim pro seu lado. Eu sei que este livro talvez não seja o tipo de leitura que a sua avó gostaria de ver na sua mão. Seu pai pode ficar realmente bravo se pegar você lendo este tipo de coisa. Talvez sua esposa estranhe, seu marido torça o nariz. <u>Pensar diferente de todo mundo é uma dor que mexe muito com a gente porque todos nós queremos fazer parte.</u>

Durante milhares de anos, pertencer a um grupo de seres humanos aumentava muito as chances de sobrevivermos. Não somos a espécie dominante porque somos os mais fortes ou os mais ágeis do planeta. Leões são mais fortes do que seres humanos. Filhotes de burro já nascem andando. Força e resistência física nunca foram realmente uma parte fundamental da equação da sobrevivência.

Nós duramos e nos espalhamos sobre este planeta porque aprendemos o poder da palavra **juntos**.

Juntos somos mais fortes, mais ágeis, mais espertos. Juntos ficamos mais quentinhos e damos risada, liberamos a tensão, o estresse, e não raras vezes encontramos a validação do outro para os processos que vivemos dentro da gente. Colaboração social é a chave para compreendermos como um ser tão esquisitinho quanto o ser humano conseguiu realizar coisas tão grandes ao longo da história. Da caça à agricultura, das ferramentas artesanais à indústria, da tecnologia pessoal à conexão global, das guerras aos tratados de paz, da medicina das ervas à inteligência artificial, nós trabalhamos e avançamos juntos desde sempre.

Pertencer, para nós, é importante! Por mais que hoje em dia estejam em voga a busca e a construção da nossa identidade a partir da valorização de quem nós somos, da nossa indi-

PERTENCER, PARA NÓS, É IMPORTANTE!

OS SEM RELIGIÃO

vidualidade, essa identidade só é tão importante porque através dela nós encontramos o caminho para nos conectar e pertencer a um grupo de forma única. É porque eu sou quem eu sou que **nós** podemos ser, juntos.

Em nome de estarmos juntos, nossas conexões sociais criaram uma coisa chamada **instituição**: um arranjo de decisões e combinados, feito por um grupo de pessoas que se identificam e trabalham por um aspecto de cooperação da sociedade humana, criando uma espécie de sistema. O termo "instituição" vem do latim "institutiõne" (que significa "sistema", "disposição"); o termo "instituição", muito além de fazer alusão à ação e ao efeito de instituir (fundar, dar começo, erigir) algo, diz respeito também a uma coisa instituída, isto é, estabelecida ou fundada. Trata-se de um organismo que cumpre com uma função de utilidade pública.[1]

Se eu fosse explicar para o meu filho Lorenzo, de 7 anos, diria que uma instituição são alguns combinados que são seguidos por um grupo de pessoas ao trabalhar juntas em alguma coisa.

Uma instituição de solidariedade, por exemplo, para fazer um trabalho de ajuda aos necessitados, institui, define e combina modos de agir que ajudem no objetivo de um grupo de pessoas que decidiu fazer bem a alguém. O objetivo desses combinados é reproduzir no grupo os efeitos que o ser humano observa em seu próprio organismo: um sistema equilibrado, funcional e vivo. A sociedade é um corpo vivo, e nós queremos ser um membro ativo e participativo desse corpo.

---

1. Conceito de instituição. 24 jul. 2019. Disponível em: https://conceito.de/instituicao#:~:text=Do%20latim%20E2%80%9Cinstituti%C5%8Dne%E2%80%9D%20(que,uma%20fun%C3%A7%C3%A3o%20de%20utilidade%20p%C3%BAblica. Acesso em: 27 jul. 2023.

"Humm, eu acho que já ouvi alguma coisa assim antes…" – pois é! Quem nunca?

Quando a gente pensa na instituição religiosa como **um conjunto de combinados entre pessoas**, percebe que, por mais importantes que os combinados sejam, as pessoas são mais importantes que os combinados. Os arranjos da instituição precisam estar a serviço das pessoas; não somos nós que precisamos arranjar a nossa natureza para caber nas instituições. Existe uma razão pela qual o coração bate dentro do peito, e não fora. Dada sua importância vital no processo circulatório do oxigênio que energiza nossas células, é um órgão que deve ser protegido e cercado de cuidados. Deve ocupar o centro funcional do corpo para cumprir o seu papel. Pela natureza do órgão, organiza-se o organismo. Pela natureza dos indivíduos, organiza-se a instituição.

Mas, historicamente falando, o buraco é mais embaixo. Porque as instituições são tão importantes para a sociedade humana, começamos a pensar em meios pelos quais elas pudessem durar mais do que o tempo de vida de um único ser humano. Começamos a pensar na perpetuação da instituição. Isso levou a gente a entender que, se a instituição deveria durar mais do que o tempo de vida de um ser humano, ela deveria ser mais importante que o próprio ser humano. E aí os fins passaram a justificar os meios.

Isso por si só já dá o que pensar. Mas quando eu associo a uma instituição a "vontade de Deus" (seja lá o que for isso), a coisa realmente fica bizarra. Abusos emocionais, torturas psicológicas, culpa, medo, credos limitados e verdades combinadas que alguém resolveu chamar de dogmas para parecerem fofos e inofensivos –

> POR MAIS IMPORTANTES QUE OS COMBINADOS SEJAM, AS PESSOAS SÃO MAIS IMPORTANTES QUE OS COMBINADOS

especialidades da religião que tentam sistematizar, padronizar e guiar um rebanho de seres humanos a um lugar melhor, através de condutas minimamente decentes (segundo o que a instituição combinou que seria "decente").

E quando se trata da vida de um cara chamado Jesus, o "baguio" é louco, mas o nome tem poder. A história de Jesus, para citar um caso bem familiar a todos nós do Ocidente, é um exemplo nítido de como as instituições humanas podem subverter os objetivos mais nobres. Só pra citar três fatos sobre a espiritualidade de Jesus que vão deixar qualquer igreja de cabelo em pé:

1. **Jesus não era católico.** Jesus não era evangélico. Pior, ele não era cristão. Ele nunca se confessou com um padre, não "aceitou a Jesus" diante de um pastor, nunca dançou uma musiquinha do padre Marcelo Rossi, nunca participou de uma sessão de descarrego do bispo Edir Macedo, nunca leu um livro de Allan Kardec ou de Chico Xavier. Jesus era judeu, de tradição israelita, nascido numa família de prováveis inclinações essênias. Até onde "não se sabe", fugiu de casa na adolescência e vazou para o Oriente, onde entendeu, a partir das diversas culturas espiritualistas da Índia e do Tibete, como acessar e manifestar o poder da mente ao seu redor. Não fez curso preparatório de quatro anos para ser médium, não fez catequese ou primeira comunhão e não foi, nem de longe, um exemplo de obediência à autoridade religiosa. Aliás, foi morto por essas e outras…

2. **Jesus era do contra.** Bastava dizer pra ele "Hoje não pode curar, porque é sábado e a religião não deixa" que a pomba girava e o barbudinho já estava fazendo o que a religião

dizia que não podia. "O vento sopra onde quer", ele dizia, "você ouve o ruído mas não sabe de onde vem nem pra onde vai. Assim acontece com aquele que nasceu do Espírito". Em Jesus, a espiritualidade, assim como o amor, faz parte da essência de todos os seres humanos, e deve ser incentivada e vivida de forma prática e integrada todos os dias, em todos os lugares. Para Jesus, as virtudes não estão submetidas ao pode-não-pode da religião.

3. **Para muito além do pode-não-pode,** a espiritualidade em Jesus é baseada na autonomia e na responsabilidade, que são fruto do amor que se expressa para além dos limites do roteiro religioso. <u>A mente é soberana! A minha mente determina a minha experiência espiritual, e não o contrário.</u>

Muita gente acha que sou crítico da religião e talvez torça o nariz para este livro. Não ataco a religião de graça e também não sou do contra de graça. Entendo que a religião teve, e talvez ainda tenha, o seu papel para muitos grupos. E como todo papel, apresenta seu limite. Tem gente que não cabe mais nesse limite. Tem gente que é meio da pá virada com a religião, que quer algo mais. Tipo Jesus.

Se você também é assim...

"AGORA
É HORA
DE VOCÊ
ASSUMIR...
E SUMIR!"

Romper com o roteiro e a tradição religiosa dói. Fato. Mas é importante, antes de mais nada, que você entenda que não está sozinho ou sozinha nesse processo que está vivendo. Estou dizendo isso logo de cara porque, como expliquei antes, pertencer é algo importante para todos os seres humanos. Estar junto, sentir-se conectado… isso importa e é parte fundamental para a conquista de bem-estar e qualidade de vida. Saber que estamos juntos é parte do que nos torna humanos.

Quando a religião realmente pisa no nosso calo e mandamos tudo e todos à merda, sentimos um vazio, uma certa solidão que coloca em xeque nossas decisões e nossa natureza. Talvez seja exatamente esse momento de vida pelo qual você esteja passando. Essa não identificação com o nosso grupo de origem, o grupo com quem crescemos e fomos educados, com quem trabalhamos ou praticamos alguma religião no passado, pode ser muito dolorosa, porque todo relacionamento nos ajuda a construir dentro de nós quem nós somos. A gente carrega dentro da gente um pedacinho de cada ser humano com quem conviveu em algum momento da vida. "Em qualquer providência e em qualquer opinião, somos sempre a soma de muitos."[2]

> A GENTE CARREGA DENTRO DA GENTE UM PEDACINHO DE CADA SER HUMANO COM QUEM CONVIVEU EM ALGUM MOMENTO DA VIDA.

Quando rompemos com um grupo religioso que já não nos representa, podemos experimentar um sentimento de deslocamento, inadequação, pecado, heresia, ingratidão com Deus e tantas outras caraminholas que fervem em nossa cabeça.

---

2. XAVIER, Francisco Cândido / Emmanuel. *Pensamento e Vida*. Brasília: Federação Espírita Brasileira, 2016, p. 36.

"Nossa, ele parece que sabe exatamente o que eu passei/estou passando." Saiba que até nisso que você sente estamos **juntos**!

Eu escrevo os pensamentos que você vai encontrar neste livro no ano de 2023, ano em que o Brasil se despediu de sua rainha do rock, Rita Lee. Cantora e compositora nascida em São Paulo, Rita era defensora dos direitos das mulheres e foi uma das primeiras a tocar guitarra em um palco. Um ícone de cabelos lisos com franja e pintados de vermelho e seus óculos redondos de lentes coloridas lembravam a genialidade de grandes criativos como Steve Jobs e John Lennon.

A figura de Rita, tal qual a de grandes figuras do rock 'n roll, parece nos convidar constantemente a romper, como diria Raul Seixas, com *a velha opinião formada sobre tudo,*[3] *pensar o que ninguém pensou sobre aquilo que todo mundo vê,*[4] para não ser apenas *another brick in the wall.*[5] Propaganda e consumismo, sistemas políticos, guerras, ativismo, direitos humanos, religião. Historicamente o rock sempre deu voz (e bons acordes) aos gritos de protesto e rebeldia contra um "sistema" que, por sua corrupção ou opressão, precisa de alguma forma ser repensado.

A sistematização da sociedade, desde os tempos da Revolução Industrial, tenta de alguma maneira uniformizar comportamentos, condutas, sentimentos e expressões humanas. Claro, a vida em sociedade precisa ser minimamente funcional, como um organismo vivo, em que cada parte do corpo corresponde a uma função vital para o conjunto. Mas o pensamento industrial da linha de montagem parece ter influenciado o jeito como buscamos o desenvolvimento humano, transformando escolas e bancos de igreja

---

3. Raul Seixas.

4. Arthur Schopenhauer.

5. "Outro tijolo na parede" (Roger Waters, Pink Floyd).

em verdadeiras esteiras de produção, adicionando mecanicamente peças e partes de uma filosofia de vida pobre e limitada aos seres humanos, como se fossem peças customizáveis a serem encaixadas e submissas no "sistema", e pronto.

"Ovelha negra", de Rita Lee, foi lançada em 1975 e se tornou um dos seus maiores sucessos com a banda Tutti-Frutti, no álbum *Fruto proibido*. A música revelou o potencial da cantora no cenário nacional e também deu voz a esse movimento de ruptura com sistemas e estruturas institucionais que de alguma forma têm sufocado o potencial humano.

> Foi quando meu pai me disse filha
> Você é a ovelha negra da família
> Agora é hora de você assumir... e sumir
> Baby baby
> Não adianta chamar
> Quando alguém está perdido
> Procurando se encontrar
> Baby baby
> Não vale a pena esperar, oh não
> Tire isso da cabeça
> *E ponha o resto no lugar*

Curiosamente, nas décadas que se seguiram o número de pessoas que tiveram coragem de declarar ao Censo do IBGE que não tinham religião praticamente dobrou de dez em dez anos. São pessoas que já não diziam mais que eram "católicas não praticantes" para evitar conflitos com as ovelhas mais conservadoras da própria família, mas tinham a coragem de estar nesse estranho lugar dos que declaram simplesmente que não têm ou não seguem nenhuma religião específica.

OS SEM RELIGIÃO

OS SEM RELIGIÃO NO CENSO
EM % DA POPULAÇÃO BRASILEIRA

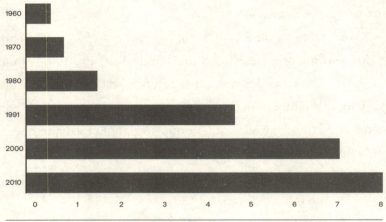

Fonte: IBGE, Censos Demográficos 1960-2010.

<u>Uma pesquisa realizada pelo Datafolha em 2022 registrou que o número dos sem religião já chega a 14% no Brasil.</u> Nos Estados Unidos, uma pesquisa realizada pelo Public Religion Research Institute mostrou que 34% dos jovens no país declararam-se sem religião. Outros estudos ainda mostram que os descrentes em uma religião são majoritariamente encontrados em países com alto nível de desenvolvimento: Suécia (64%), Dinamarca (48%), França (44%), Alemanha (42%).[6]

E o que tem chamado mais a atenção dos pesquisadores é que as pessoas desse grupo não são necessariamente ateias ou agnósticas (entenda-se ateus: pessoas que não acreditam em Deus; agnósticos: pessoas que simplesmente não procuram ou têm qualquer conheci-

---

[6]. DOCKRILL, Peter. Study Finds Religion Actually Tends to Make Kids Less Generous. *Science Alert*, 6 nov. 2015. Disponível em: http://www.sciencealert.com/study-finds-religion-actually-tends-to-make-kids-less-generous. Acesso em: 18 jun. 2023.

mento religioso e/ou são indiferentes a ele). Ser "sem religião" não significa ser sem fé ou crenças. No Censo de 2010, por exemplo, dos 15,3 milhões de brasileiros que se diziam "sem religião", 615 mil (4% deles) se consideravam ateus e 124 mil se declaravam agnósticos (0,8%).[7] Os "desigrejados" são cada vez mais numerosos, sobretudo entre os jovens – mas isso não quer dizer que não tenham fé.[8]

O grupo dos **sem religião** é formado, em sua maioria, por pessoas que afirmam acreditar em Deus e praticar alguma forma de espiritualidade do seu jeito, sem estarem vinculadas oficialmente a uma religião. Esse comportamento mostra um movimento que os pesquisadores estão chamando de **desinstitucionalização**. As pessoas simplesmente não querem mais pertencer a instituições cujas regras de conduta interna e dogmas não condizem com a sua visão de mundo, seja essa uma visão que nasce de novas descobertas científicas ou simplesmente do ato de repensar as coisas mais comuns do dia a dia de nossa sociedade, como sexualidade, afetividade, anticoncepcionais, medo, culpa, posicionamento político, guerras etc.

> AS PESSOAS SIMPLESMENTE NÃO QUEREM MAIS PERTENCER A INSTITUIÇÕES CUJAS REGRAS DE CONDUTA INTERNA E DOGMAS NÃO CONDIZEM COM A SUA VISÃO DE MUNDO

Uma recente pesquisa no Reino Unido revelou que cerca de metade dos britânicos agora se classifica como "sem religião", mas não

---

7. DIAS, Igor. Número de pessoas "sem religião" no Brasil tem se mostrado significativo. *Edição do Brasil*, 27 maio 2022. Disponível em: https://edicao dobrasil.com.br/2022/05/27/numero-de-pessoas-sem-religiao-no-brasil-tem- -se-mostrado-significativo/. Acesso em: 27 jul. 2023.

8. BARROS, Duda Monteiro de; FERRAZ, Ricardo. O fenômeno silencioso dos que optam por não seguir religião alguma. *Veja*, 6 maio 2022. Disponível em: https://veja.abril.com.br/comportamento/o-fenomeno-silencioso-dos-que- -optam-por-nao-seguir-religiao-alguma. Acesso em: 27 jul. 2023.

OS SEM RELIGIÃO

são necessariamente avessos a alguma forma de espiritualidade. E isso não é coisa para inglês ver, já que 17% dos não religiosos britânicos acreditam no poder da oração e 42% em alguma forma de sobrenatural.[9] Meu amigo Robin Foy, da Spiritual Science Foundation, foi um grande pesquisador inglês da vida após a morte e de fenômenos ligados ao contato com consciências de personalidades após a passagem pela morte. Ele costumava começar os seus seminários dizendo: "Depois de todos esses anos de pesquisa e experimentação, posso afirmar categoricamente para todos vocês que eu **não acredito** em vida após a morte. EU O SEI".

O saber é diferente do acreditar.

Ao começar a pensar a partir de sua própria visão de mundo e experiência de vida, as pessoas estão simplesmente descobrindo que já não fazem

> O SABER É DIFERENTE DO ACREDITAR.

parte do rebanho religioso de ovelhas cândidas "felizes por acreditarem sem ter visto", e que não querem seguir obedientes ao conselho dos seus pastores. Se descobrem "ovelhas negras", como na música de Rita Lee. Descobrem que sua visão de mundo, da vida e de Deus são diferentes das incoerências que saltam aos olhos de qualquer um no contexto religioso. Aliás, se fôssemos pensar numa reinterpretação da música de Rita para os "sem religião", poderíamos arriscar que é o próprio "pai" que ajuda os filhos a descobrirem sua identidade como "ovelhas negras".

Mas ao pensar em "ovelhas negras", será que estamos nos referindo a pessoas que, como em *Star Wars*, foram para o lado mau da força?

---

9. WAITE, Hannah. The Nones: Unpacking Non-Religious Britain. *Theos*, 24 nov. 2022. Disponível em: https://www.theosthinktank.co.uk/comment/2022/11/24/the-nones-unpacking-theos-research-on-britains-nonbelieving-50. Acesso em: 27 jul. 2023.

O PESADELO DE TODA AVÓ TRADICIONAL

"**M**enino, você tem que ter uma religião, não importa qual seja" – diria quase toda avó tradicional do Brasil. "Preferencialmente a minha religião, claro!" A vovó, como boa parte da população brasileira das gerações anteriores, aprendeu que sem ordem não há progresso; que para haver ordem é preciso alguém que mande e "alguéns" que obedeçam e ponto. "Manda quem pode, obedece quem tem juízo." Juízo, retidão, valores morais confiáveis são entendidos como resultado da obediência a Deus, à Igreja e ao governo. Mas calma: vovó não era o agente Smith a serviço da Matrix. Era o jeito dela de dizer que a gente precisava cultivar valores que nos tornem mais humanos. Foi como ela aprendeu e, em sua simplicidade, tentou nos transmitir.

Mas a vovó pode continuar o seu crochê tranquila, já que um estudo publicado mostra que crianças criadas sem religião são mais altruístas (menos egoístas).[10] Jean Decety, professor da Universidade de Chicago, nos Estados Unidos, diz: "Nossos resultados contradizem o senso comum de que crianças de famílias religiosas são mais altruístas e gentis com os outros. Em nosso estudo, as crianças de famílias de ateus e não religiosos eram, de fato, mais generosas". Os dados "desafiam a visão de que a religiosidade facilita o comportamento pró-social e põe em causa se a religião é vital para o desenvolvimento moral".

> CRIANÇAS DE FAMÍLIAS DE ATEUS E NÃO RELIGIOSOS ERAM, DE FATO, MAIS GENEROSAS

---

10. DECETY, Jean et al. The Negative Association between Religiousness and Children's Altruism across the World. *Current Biology*, vol. 25, n. 22, p. 2951-2955, 16 nov. 2015. Disponível em: https://www.sciencedirect.com/science/article/pii/S0960982215011677. Acesso em: 27 jul. 2023.

OS SEM RELIGIÃO

Também nos Estados Unidos, dados do estudo do Public Religion Research Institute mostram que os sem religião são mais tolerantes com os homossexuais, por exemplo.[11] Também se mostram mais liberais em aceitar a liberdade individual e de decisão pessoal. Isso os torna menos racistas e menos preconceituosos com outras religiões e estilos de vida. Autonomia e autorresponsabilidade são uma marca dos não religiosos.

Outro estudo[12] mostrou que jovens criados em famílias "sem religião" têm altos níveis de solidariedade familiar, proximidade emocional entre pais e filhos, além de fortes padrões éticos.

"Então quer dizer que dá pra gente educar uma criança pra ser um ser humano decente sem precisar rezar antes de comer, fazer catequese ou frequentar escola bíblica?", pergunta a dona Jandyra, dando um salto da sua cadeira de balanço... Pois é, parece que dá.

Por quase quarenta anos, Vern Bengtson supervisionou o Longitudinal Study of Generations, que se tornou o maior estudo sobre religião e vida familiar realizado em várias gerações nos Estados Unidos. Quando Bengtson percebeu que o crescimento dos não religiosos se tornava cada vez mais pronunciado, ele decidiu, em 2013, adicionar famílias seculares ao seu estudo na tentativa de entender como a vida familiar e as influências intergeracionais atuam entre os sem religião.[13]

---

11. PRRI. *The American Values Atlas*. Disponível em: http://ava.publicreligion. org/#religious/2014/States/religion/16. Acesso em: 27 jul. 2023.

12. ZUCKERMAN, Phil. Op-Ed: How Secular Family Values Stack Up. *Los Angeles Times*, 14 jan. 2015. Disponível em: http://www.latimes.com/nation/la-oe-0115-zuckerman-secular-parenting-20150115-story.html. Acesso em: 27 jul. 2023. Phil Zuckerman é professor de sociologia e estudos seculares no Pitzer College e autor de *Living the Secular Life: New Answers to Old Questions*.

13. Ibid.

Parêntese rápido: secular é um termo criado para se referir ao que não é religioso, ao que não é "coisa de Deus". O poder do pensamento religioso é tão intrincado na mente humana que criamos um termo para falar de coisas que não são religiosas, como se a vida girasse em torno da religião, e não o contrário. Lembra muito o termo "extraterrestre" para falar de coisas que são de fora do planeta Terra; como se a Terra fosse o centro e tudo o que está fora fosse "extra". O "umbigocentrismo" do ser humano é muito louco. **Fecha o parêntese.**

Voltando à pesquisa do Bengtson, ele ficou surpreso com o que descobriu: altos níveis de solidariedade familiar e proximidade emocional entre pais e jovens não religiosos, e fortes padrões éticos e valores morais que foram claramente articulados à medida que foram transmitidos à próxima geração.

"Muitos pais não religiosos foram mais coerentes e apaixonados por seus princípios éticos do que alguns dos pais 'religiosos' em nosso estudo", diz Bengtson. "A grande maioria parecia viver vidas cheias de objetivos, caracterizadas por direção moral e senso de vida com um propósito."

"Minha própria pesquisa em andamento entre americanos seculares – bem como a de um punhado de outros cientistas sociais que apenas recentemente voltaram seu olhar para a cultura secular – confirma que <u>a vida familiar não religiosa está repleta de seus próprios valores morais sustentadores e preceitos éticos enriquecedores. O principal deles: resolução racional de problemas, autonomia pessoal, independência de</u>

RESOLUÇÃO RACIONAL DE PROBLEMAS, AUTONOMIA PESSOAL, INDEPENDÊNCIA DE PENSAMENTO, EVITAÇÃO DE PUNIÇÃO CORPORAL, ESPÍRITO DE 'QUESTIONAR TUDO' E, ACIMA DE TUDO, EMPATIA

pensamento, evitação de punição corporal, espírito de 'questionar tudo' e, acima de tudo, empatia."

Para as pessoas seculares, a moralidade se baseia em um princípio simples: reciprocidade empática, amplamente conhecida como Regra de Ouro – **tratar as outras pessoas como gostaria de ser tratado.** É um imperativo ético antigo e universal. E não requer crenças sobrenaturais. Como disse uma mãe ateia que queria ser identificada apenas como Debbie: "A maneira como ensinamos a eles o que é certo e o que é errado é tentando incutir um senso de empatia… como as outras pessoas se sentem. Você sabe, apenas tentando dar a eles aquela sensação de como é estar do outro lado de suas ações. E não vejo nenhuma necessidade de Deus nisso".

Os resultados dessa criação secular de filhos são animadores. Estudos descobriram que os adolescentes seculares são muito menos propensos a se importar com o que os "garotos legais" e *influencers* pensam, além de expressarem uma necessidade menor de se encaixar com eles, do que seus colegas religiosos. Quando esses adolescentes amadurecem e se tornam adultos sem religião, eles exibem menos racismo do que seus equivalentes religiosos, de acordo com um estudo de 2010 da Duke University. Muitos estudos psicológicos mostram que não religiosos tendem a ser menos vingativos, menos nacionalistas, menos militaristas, menos autoritários e mais tolerantes, em média, do que os adultos religiosos.[14]

> **NÃO RELIGIOSOS TENDEM A SER MENOS VINGATIVOS, MENOS NACIONALISTAS, MENOS MILITARISTAS, MENOS AUTORITÁRIOS E MAIS TOLERANTES**

Pesquisas recentes também mostraram que crianças criadas sem religião tendem a permanecer irreligiosas à medida que en-

---

14. Ibid.

velhecem – e talvez sejam mais receptivas. Um fato revelador do campo da criminologia: <u>os ateus estavam quase ausentes da população carcerária americana no final dos anos 1990, compreendendo menos da metade de 1% das pessoas atrás das grades,</u> de acordo com as estatísticas do Federal Bureau of Prisons. Isso ecoa o que o campo da criminologia documentou por mais de um século – <u>os sem religião se envolvem muito menos em crimes.</u>

> **OS SEM RELIGIÃO SE ENVOLVEM MUITO MENOS EM CRIMES**

Outro fato relacionado significativo: os países democráticos com os níveis mais baixos de fé religiosa – como Suécia, Dinamarca, Japão, Bélgica e Nova Zelândia – têm uma das taxas de crimes violentos mais baixas do mundo e desfrutam de níveis notavelmente altos de bem-estar social. Se as pessoas seculares não pudessem criar filhos morais e funcionais, então uma preponderância deles em determinada sociedade significaria um desastre social. Não é o caso. Os tempos são outros, vovó.

POR QUE AS RELIGIÕES NUNCA ESTIVERAM TÃO PREOCUPADAS COM AS ESTATÍSTICAS?

Nas análises do Datafolha para o Rio de Janeiro, os jovens de 16 a 24 anos que se dizem "sem religião" (34%) chegam a ultrapassar evangélicos (32%), católicos (17%) e outras religiões (17%). Em São Paulo, eles são 30% dos entrevistados, superando 27% de evangélicos, 24% de católicos e 19% de outras religiões.[15]

---

15. DIAS, Igor. Número de pessoas "sem religião" no Brasil tem se mostrado significativo... op. cit.

OS SEM RELIGIÃO

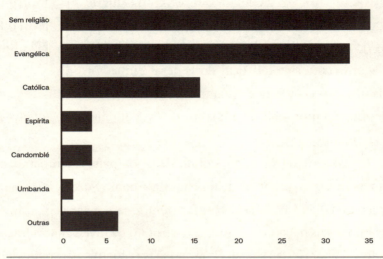

RELIGIÃO DOS JOVENS DE 16 A 24 ANOS NO RJ
EM % DOS ENTREVISTADOS PELO DATAFOLHA

Fonte: Datafolha, Eleições 2022 Rio de Janeiro, 11/04/2022.

"A maior parcela dos sem religião tem a ver com uma desinstitucionalização, o que quer dizer que o sujeito está afastado das instituições religiosas, mas ele pode ter uma visão de mundo e até mesmo práticas pessoais informadas por crenças religiosas", explicou Silvia Fernandes, que é cientista social e professora da UFRRJ (Universidade Federal Rural do Rio de Janeiro).[16] "Esse sujeito é sem religião porque não está vinculado a uma igreja, porque não frequenta, mas pode ter crenças relacionadas a alguma religião que já teve ou ter uma dimensão mais pluralista da religiosidade. Ele incorpora elementos de uma espiritualidade mais fluida, pode fazer um sincretismo [misturar elementos de diferentes religiões], pode ter crenças muito associadas ao uni-

---

[16]. CARRANÇA, Thais. Jovens 'sem religião' superam católicos e evangélicos em SP e Rio. *BBC News Brasil*, 9 maio 2022. Disponível em: https://www.bbc.com/portuguese/brasil-61329257. Acesso em: 27 jul. 2023.

verso do cristianismo – acreditar em Deus, em Jesus, em Maria – mas seguir se declarando sem religião."

Regina Novaes, pesquisadora do ISER (Instituto Superior de Estudos da Religião), entende que a fase dos 16 aos 24 anos, em que os "sem religião" são mais presentes, é uma fase de experimentação. "Há uma trajetória de busca e experimentação que foi colocada para as novas gerações que não era colocada para as antigas", diz a pesquisadora.

Ela observa que, atualmente, muitos jovens crescem em famílias plurirreligiosas, por exemplo, com avó mãe de santo, pai católico não praticante e mãe evangélica. Esses jovens não sentem a obrigação de seguir uma religião de família e tendem a buscar uma religiosidade própria.

Essa fase de experimentação pode seguir dois caminhos: uma busca que resulta mais tarde na escolha de uma religião; ou a construção de uma síntese pessoal, em que a pessoa se diz "sem religião" por não pertencer a nenhuma igreja, mas combina diversos elementos de fé.

"Isso é interessante, porque havia uma ideia de que, com o passar do tempo e o avanço da secularização [processo por meio do qual a religião perde influência sobre as variadas esferas da vida], haveria um aumento das pessoas que se desvinculariam da fé, do sobrenatural. Mas isso não está acontecendo. O que está acontecendo são outros modos de ter fé", diz Novaes.

Com a fragilização da tradição religiosa, a geração jovem se sente mais autônoma para escolher a própria crença. Com a massificação da tecnologia e da internet, ganharam acesso maior a outras culturas e tradições, o que impacta diretamente na sua visão de mundo.

Isso quer dizer que, em vinte anos, um terço da população economicamente ativa do país será de não religiosos, o que significa diretamente menos dinheiro para o dízimo que recheia as contas bancárias das igrejas, mais dinheiro para o segmento de autoconhecimento, bem-estar, terapias integrativas e ONGs que atuam em causas realmente relevantes para a transformação social.

MUITO PRAZER, EU SOU UM "NONE", E VOU MUITO BEM, OBRIGADO!

Dentro da tradição cristã, quando uma pessoa acredita de forma diferente ou tenta explicar sua própria experiência em seus próprios termos, sem necessariamente aceitar para si o sentido de mundo definido pela igreja, ela é considerada uma **herege**. Quando essa pessoa enfim deixa a igreja, a fé tradicional, e sai em busca de sentido e significado, ela é considerada uma **apóstata**. Talvez em algum momento da sua vida você já tenha vivido esses adjetivos singulares, mas, como construir a nossa identidade é a nossa paixão, e, para isso, quanto mais substantivos e adjetivos tivermos, melhor, aí vai mais um.

None é o termo em inglês para "nenhum" ou "nenhuma". O grupo dos sem religião ficou conhecido como os "nones" entre os pesquisadores porque essa foi a resposta recebida diante da pergunta sobre a qual religião os entrevistados eram afiliados. Uma palavra tão pequena que representa uma revolução tão grande.

Talvez você esteja lendo este livro porque fez o mesmo caminho que eu e tantos outros de romper com a religião para buscar o que de fato faz sentido, sem intermediários.

Sentido é uma palavra curiosa. Eu gosto de pensar nos três sentidos que a palavra sentido tem. Sentido como <u>direção</u>, como caminho ou rota que eu escolho trilhar. Sentido como significado, aquilo que faz sentido, significa, traz saberes e noções diferentes da realidade; o saber traz senso de valor, virtude e caráter; buscar significado é construir valor, buscar a virtude e agir com caráter. Por fim, sentido é aquilo que de fato se pode sentir. É um movimento intuitivo, uma verdade interior, algo que aquece o nosso peito e cria certa coerência entre cabeça e coração.

Buscar aquilo que faz sentido nos três sentidos da palavra sentido pode ser um caminho desconfortável e solitário que passa por grandes crises existenciais que afetam a forma como nos relacionamos em casa, no trabalho, nas férias ou em qualquer outra dimensão da nossa vida, porque afeta fundamentalmente nossa visão de mundo.

No meu caso, por exemplo, esbarrei no conceito de obediência da Igreja Católica aos vinte e poucos anos. Esse conceito afeta todo o cristianismo apostólico (criado a partir da tradição dos apóstolos, mas não necessariamente por culpa deles).[17] Para mim era simplesmente inadmissível ser contado entre as "ovelhas" obedientes que não deveriam questionar a sabedoria da igreja. **O movimento do rebanho de muitos liderados por poucos sempre me incomodou.**

O grande problema é que alguns vínculos sociais e afetivos muitas vezes são construídos dentro da comunidade religiosa, e são muito sadios. Os relacionamentos entre vizinhos, grupos de jovens, cooperação e colaboração nas tradicionais quermesses beneficentes são memórias afetivas muito preciosas. Por outro lado, a comunidade religiosa é ilhada por suas próprias crenças e precon-

---

17. Eu conto em detalhes a minha história com o cristianismo no livro *Yeshua: nosso Cristo Planetário revelado*, publicado pela Editora Citadel em 2023.

OS SEM RELIGIÃO

ceitos dogmáticos. Uma vez que você perceba o mundo de forma diferente, a "fraternidade" se transforma em hostilidade contra o subversor, que não raras vezes é associado com o mito do anjo que se rebela contra Deus. Rebeldia e revolução são coisas do diabo.

Mas Deus, seja ele quem for, não me parece ser um grande fã da mesmice. Olhe ao seu redor. Conte na natureza a imensa variedade de plantas, animais e elementos. Pense, por exemplo, nos passarinhos. Quantas variedades diferentes! Deus parece ser um grande incentivador da diversidade. Acho que ele curte o diferente, a variedade, o novo. A padronização é uma mania industrial que não cabe ser aplicada aos seres humanos. Somos fora de padrão por natureza. Únicos! Somos todos ovelhas negras. E parafraseando a Rita, agora é hora de você assumir sua natureza única e individual, valorizar o que deve ser valorizado em si e sumir num mundo de novos horizontes.

Assim como na música, você está vivendo um momento de ovelha negra, mas lembre-se de que quem deu essa noção na canção de Rita Lee foi o próprio pai: "Foi quando **meu pai** me disse: filha, você é a ovelha negra da família". Acho que Rita escreveu um recado do "pai/mãe" celestial para cada um de nós. Agostinho de Hipona dizia que Deus sempre abençoa o esforço da busca. Essa força que nos chamou a existir e nos impulsiona a buscar nunca esteve tão perto de nós quanto agora que estamos longe da religião institucional e padronizada. É justamente porque estamos distantes da mecânica de uma organização que ele pode inovar em nós e por nós. Esse é um caminho que assusta num primeiro momento. Mas tenha certeza: nunca estivemos sozinhos.

CADERNINHO DE CALIGRAFIA

Os não religiosos são pessoas que cultivam uma espiritualidade afastada das instituições religiosas – sejam essas igrejas, mosteiros, centros, terreiros, sinagogas, mesquitas, templos, dentre outras. A espiritualidade ganha um lugar diferente da religião, porque pode ser desenvolvida e cultivada de maneira autônoma, individual e desinstitucionalizada mesmo que seja por pessoas que antes tiveram essa dimensão da vida direcionada pelas instituições religiosas.[18] Dessa forma, enquanto a religião diz respeito a uma identificação com determinada instituição, bem como com seus "rituais, doutrinas, mitos, símbolos, cultos, orações, crença/fé", a espiritualidade é uma *busca pessoal de sentido, autorrealização, autonomia em relação às instituições, autenticidade, espontaneidade, criatividade, liberdade, mal-estar em relação à materialidade do mundo, crença/fé*".[19]

De acordo com o professor de pós-graduação em Ciências da Religião Carlos Frederico, há uma diferença entre religião e espiritualidade. "A primeira supõe a adesão de certas instituições e marcadores sociais, como uma comunidade, templo e rituais. Já a segunda tem relação com sentidos profundos da existência, conexões e capacidade de aderir a pessoas e ideias."[20]

---

18. PINHEIRO, Beatriz. Espiritualidade não religiosa: quem são os sem religião?. *Revista Senso*, 26 ago. 2021. Disponível em: https://revistasenso.com.br/diversidade-religiosa/espiritualidade-nao-religiosa-quem-sao-os-sem-religiao/. Acesso em: 27 jul. 2023.

19. FRANCO, Clarissa de. Psicologia e espiritualidade. In: PASSOS, João Décio; USARSKI, Frank (Org.). *Compêndio de Ciência da Religião*. São Paulo: Paulus/Paulinas, 2013, p. 399-410.

20. DIAS, Igor. Número de pessoas "sem religião" no Brasil tem se mostrado significativo... op. cit.

OS SEM RELIGIÃO

Eu entendo as religiões como disciplinas de sabedoria e experiência na escola da vida, transformadas pelo senso de institucionalismo em ferramentas para o exercício de poder de um grupo minoritário sobre as massas. Há conhecimento, há verdade, ou perspectivas da verdade, em todos os credos e textos sagrados, pois todos eles surgiram a partir de uma experiência humana pessoal com o transcendental. Essa experiência, limitada pelo seu contexto histórico, social e cultural, expressa um caminho possível, viável. Mas leia-se bem, um caminho!

O problema começa quando o meu caminho, o meu credo, passa a ser melhor e mais verdadeiro do que os outros. Quando a minha instituição passa a ser o "único" caminho; quando se declara inquestionável e ameaça com o fogo do inferno qualquer pessoa que ouse dizer o contrário.

A religião é como um caderno de caligrafia. A maioria de nós, quando está aprendendo a escrever, acaba usando um. Eu me lembro que, nas férias do final do ano de 1990, eu havia concluído o primeiro ano do Ensino Fundamental, mas minha letra de mão era um verdadeiro garrancho, como se diz no interior. Minha mãe, que em tudo sempre foi muito exigente para fazer de nós, seus filhos, pessoas "educadas para o mundo", me determinou que, durante os meses de dezembro e janeiro, enquanto estivesse sem aulas, eu copiasse uma página de revista por dia no caderno de caligrafia. E com a dona Cristina não tinha escapatória, não! Era chato, doía o braço, cansava até a alma. Mas, sob protestos e choros de crocodilo, assim fui, copiando uma página por dia, enchendo alguns caderninhos de caligrafia naquelas férias.

Até o final de janeiro, o "garranchão" foi ficando redondinho, legível, bonito de dar gosto! Quando voltei às aulas, me lembro de um dia que a professora pegou o meu caderno e mostrou para todo mundo da classe dizendo: "Isto é que é letra caprichada!". Foi um orgulho pra mim e pra minha mãe.

O caderno de caligrafia havia cumprido a sua função: suas pautas e linhas limitadas e condicionantes haviam ajudado a construir em mim a destreza necessária para bem me expressar por escrito. Assim é a religião, com seus dogmas e credos limitantes; ela nos ajudou, por algumas gerações ou por algum tempo em nossa vida, a encontrar em nós a nossa espiritualidade, tão necessária para nos expressarmos como seres espirituais, livres e pensantes.

> **RELIGIÃO É CADERNO DE CALIGRAFIA. ESPIRITUALIDADE É SABER ESCREVER COM LETRA BONITA OS CAMINHOS DA SUA PRÓPRIA VIDA**

Religião é caderno de caligrafia. Espiritualidade é saber escrever com letra bonita os caminhos da sua própria vida.

Nem todo mundo precisa necessariamente começar a escrever com um caderno de caligrafia. Alguns usam por um tempo e depois não precisam mais dele. Outros nunca o utilizam. Mas a tendência natural é que, depois de aprender a escrever, todos superem o bom e velho caderninho para dar asas aos seus textos em cadernos, diários, folhas em branco, layouts sofisticados, documentos online e livros.

Assim como os caderninhos de caligrafia não podem encerrar para sempre as linhas que escrevemos à mão para nos expressar, a religião não poderá conter para sempre a espiritualidade, já que ela é a expressão singular de seres espirituais. Da mesma forma que toda a comunicação humana não poderia estar contida num caderninho de caligrafia, Deus não está contido numa religião, e os caras que andavam com Jesus entenderam isso.

Os evangelistas da tradição cristã registraram nos evangelhos que, quando Jesus morreu na cruz, houve um tremor de terra e um

OS SEM RELIGIÃO

vento rasgou o véu do Santo dos Santos. O que isso quer dizer? O Santo dos Santos era uma sala especial no templo onde, segundo o dogma judaico, Deus morava. Era onde os sacerdotes se encontravam na "presença de Deus".

Traduzindo em miúdos: naquele contexto histórico e cultural, para aquele dogma institucional religioso, o TODO – o Princípio sem princípio, o Criador deste universo que, até onde a nossa pobre ciência sabe, tem mais de cem bilhões de galáxias –, por alguma razão, resolveu morar numa salinha apertada, de um templinho de pedra abafado, numa cidade quente pra caramba, de um país desértico, de um planetinha periférico de um sistema solar de beira de galáxia... Escolha curiosa, né? Você riu enquanto lia? Eu sei, pode parecer engraçado hoje, no mínimo excêntrico, mas esse era o conjunto de crenças que a cultura e a configuração evolutiva das pessoas daquele momento histórico comportavam. E toda a economia de uma nação girava em torno do templo, que girava em torno do Santo dos Santos.

Aí vem Jesus com um ponto de vista completamente diferente de tudo o que se tinha visto até então naquele contexto cultural e religioso! Segundo os símbolos empregados pelos evangelistas, com a sua morte na cruz, houve um grande tremor de terra; os céus ficaram escuros e <u>rasgou-se o véu do templo, o véu que escondia das vistas curiosas o Santo dos Santos.</u> A partir daquele momento, simbolicamente falando, a salinha do <u>Santo dos Santos</u> ficou pequena; a presença de Deus "escapou" para todos os lugares – uma linguagem religiosa utilizada pelos evangelistas para comunicar, ao paradigma da época, a libertação do institucionalismo religioso, segundo a doutrina que Jesus promovia. Era como se os evangelistas dissessem: "Chega de caderninhos de caligrafia! Vamos escrever nossa poesia onde o coração nos levar! Jesus nos fez livres pensadores espiritualizados e transformados pelo TODO. A verdade ensinada por Jesus deveria ter feito de nós pessoas livres. Podemos encontrar Deus em nós, pois é Deus-Conosco e em nós habita; sua palavra é Emanuel! Somos o templo do Deus vivo; nossa vida é um culto, todos os dias, e ninguém pode nos separar do amor de Deus!".

É HORA DE VOCÊ SE ENCONTRAR

O homem de hoje, ao contrário do que ocorria nos tempos de Sigmund Freud, já não é sexualmente frustrado, mas existencialmente frustrado. E hoje sofre menos do que no tempo de Alfred Adler, de um sentimento de inferioridade do que de um sentimento de falta de sentido, precedido por um sentimento de vazio, de um vazio existencial.[21]

---

21. FRANKL, V. E. *A presença ignorada de Deus*. 18. ed. São Leopoldo: Editora Sinodal; Petrópolis: Vozes, 2017.

té aqui eu falei sobre pertencimento, a importância de estarmos juntos e colaborarmos enquanto seres humanos, dos antigos preconceitos sobre os não religiosos e o seu crescimento em todo o mundo. Falei um pouco sobre o papel da religião como caderno de caligrafia e o momento em que estamos vivendo, no qual descobrimos que podemos escrever nossa própria história, sem seguir linhas específicas.

Tudo isso pode parecer assustador para você. Foi para mim, pelo menos. A autonomia de pensamento assusta num primeiro momento. Mas se pensar por si mesmo pode parecer um oceano de inseguranças, por outro lado a verdade é que, nos últimos anos, tivemos a oportunidade de ver na mídia alguns casos famosos de líderes religiosos e gurus espirituais que foram denunciados por abusos aos seus seguidores. Eu não acredito que a ocasião faça o ladrão, ela apenas o revela. Na maior parte das vezes, são pessoas com oratória excelente, que geram uma aura de admiração, o que é natural e pode ser até bom se bem orientado a objetivos bacanas. Só que, ao mesmo tempo, cria-se uma dependência intelectual do líder ou guru, e a pessoa abre mão da autonomia, terceiriza seu pensamento e confia cegamente. E esses abusos não precisam estar necessariamente em uma igreja ou religião, basta que o fundamentalismo, o dogma e o autoritarismo invadam o espaço de liberdade e autonomia das pessoas.

A psicóloga norte-americana Marlene Winell, educadora e escritora, com 35 anos de experiência, escreveu o livro *Leaving the Fold: A Guide for Former Fundamentalists and Others Leaving their Religion* ("Saindo do rebanho: um guia para ex-fundamentalistas e pessoas que se afastaram da sua religião", em tradução livre, pois o livro ainda não foi editado em português). Marlene também viveu a experiência de sair de uma estrutura de abuso religioso e,

OS SEM RELIGIÃO

como psicóloga, cunhou o termo "Síndrome do Trauma Religioso" para classificar sintomas de pacientes que sofrem de transtornos mentais em decorrência da doutrinação de suas crenças. Para ela, <u>"religião é algo que não deve ser ensinado para crianças, e o fundamentalismo rouba a identidade das pessoas"</u>.

Marlene define a Síndrome do Trauma Religioso como:

> Condição vivida por pessoas que estão lutando para sair de uma religião autoritária, dogmática e sofrendo os danos dessa doutrinação. Eles podem estar passando por <u>um momento de quebra de conceitos e de paradigmas pessoais ou rompendo com uma comunidade ou estilo de vida controlador</u>.

Vamos dar uma olhada com mais cuidado em cada termo empregado por Marlene: <u>autoritária</u> – porque o líder manda e os fiéis obedecem; <u>dogmática</u> – porque o líder ou a religião ditam o que é verdade absoluta e inquestionável e você tem que acreditar; <u>sofrendo os danos…</u> – acreditar em uma série de coisas que vão causando estreiteza de pensamentos, ansiedade e outros problemas que afetam nossa saúde mental; e quando a pessoa rompe com essa comunidade em torno da qual a vida dela girava, ainda tem problemas para encontrar sua identidade. Além disso, a autora compara os sintomas com o Transtorno de Estresse Pós-Traumático. Ela também cita "pensamentos intrusivos", sobre os quais falaremos mais no capítulo Espiritualidade: não é sobre ser religioso, é sobre ser humano.

O que moveu a Marlene a fazer esse trabalho foi a própria experiência em uma religião fundamentalista, em que até mesmo dançar era pecado. A psicóloga trabalha na área de "recuperação da religião", e posso dizer que atuo na mesma área. <u>Honro todo o conhecimento da tradição e filosofia que a religião conservou por</u>

muito tempo para que hoje tivéssemos a liberdade de pensar. Mas, ao mesmo tempo, não vejo futuro no institucionalismo religioso. Vejo como uma torre que vai cair por causa da autonomia filosófica e da liberdade espiritual que emergem em nossos dias.

Segundo Marlene, alguns sintomas-chave do trauma religioso são a confusão mental, dificuldade de tomar decisões e pensar por si mesmo, falta de sentido ou direção na vida, baixa autoestima, ansiedade de estar no mundo, ataques de pânico, medo da condenação, depressão, pensamentos suicidas, distúrbios do sono e alimentares, abuso de substâncias, pesadelos, perfeccionismo, desconforto com a sexualidade, imagem corporal negativa, problemas de controle de impulso, dificuldade de desfrutar o prazer ou estar presente aqui e agora, raiva, amargura, traição, culpa, sofrimento e perda, dificuldade de expressar emoções, ruptura da rede familiar e social, solidão, problemas relacionados com a sociedade e questões de relacionamento pessoal.

Eu vivi muitos desses sintomas em minha jornada, e vi muitos amigos passarem por outros deles. Passei por diversas fases ao longo da transição entre o dogma religioso e o livre pensamento espiritualizado, e acredito que pode ser muito útil para você conhecer as dez fases que eu identifiquei na minha jornada. Essas etapas podem ajudá-lo a entender onde você está e para onde pode seguir caso queira apaziguar a crise que eventualmente está fervendo dentro de você.

> **HONRO TODO O CONHECIMENTO DA TRADIÇÃO E FILOSOFIA QUE A RELIGIÃO CONSERVOU POR MUITO TEMPO PARA QUE HOJE TIVÉSSEMOS A LIBERDADE DE PENSAR**

OS SEM RELIGIÃO

Fase 1:

OVELHAS FELIZES
O SENTIDO LIMITADO (MAS TEMPORARIAMENTE
SATISFATÓRIO) DA VIDA

Eu fui criado em uma família católica tradicional. Fiz catequese aos 9 anos e dos 10 aos 14 vivi na casa dos meus avós paternos. Minha avó era católica roxa, de ir à missa todos os dias e incentivar a todos a praticar a oração. Meu avô tinha um retrato do papa João Paulo II no quarto e rezava o terço todos os dias antes de dormir. Nós convivemos e crescemos em um ambiente onde os vizinhos se reuniam uma vez por semana para rezar o terço, ler o Evangelho, pedir a Deus por amigos ou parentes próximos que estavam em dificuldades. Quando o padre da paróquia almoçava em casa no domingo, era motivo de felicidade para todos.

Minha primeira experiência mais profunda com a espiritualidade cristã viria a acontecer em 1997. Com 14 anos fiz um retiro de um final de semana organizado pelo movimento da Renovação Carismática Católica. As experiências místicas e espirituais daqueles três dias me arrebataram e passei a viver intensamente a fé em Jesus como Deus e Salvador da Humanidade. Experimentava todos os carismas do Espírito Santo (experiências místicas que, segundo a tradição católica, são inspirações e intuições do Espírito de Deus àqueles que lhe são fiéis). Experiências essas ainda estudadas, em boa parte, pela neurociência quando ousa adentrar os domínios da paranormalidade.

Fiz amigos, arrumei namoradas... (ok, namorada, não foram tantas assim!), descobri o poder da fraternidade entre um grupo de pessoas que não tinham problemas em mostrar a sua vulnerabilidade e empatia umas com as outras. Cantávamos juntos, ríamos juntos, chorávamos juntos. Compartilhávamos experiências de vida significativas: casamentos, falecimentos, nascimentos. Marcadores da vida social e experiências relevantes postas sutilmente juntas como tijolos a partir da argamassa do credo religioso: porque acreditávamos do mesmo jeito, no mesmo Deus e na mesma Igreja, encontrávamos os mesmos significados para essas experiências e acontecimentos sociais. Um mundo perfeito de ovelhas felizes guiadas pelo mesmo pastor.

Mas muito mais do que o convívio e os marcadores sociais, essa fase era repleta de significado e experiências espirituais. Independentemente da sua religião originária, todos os seres humanos têm um mundo psíquico interior repleto de símbolos e interações multidimensionais que escapam à explicação da moderna neurociência.

Eu vi e vivi experiências paranormais absurdas, como a visão remota, também conhecida como clarividência na parapsicologia ou dom de ciências entre os carismáticos; experimentei fluxos de informações que invadiam a mente e preenchiam páginas e páginas de papel cujo conteúdo excedia em muito os limites da minha capacidade cognitiva, curei e ajudei a curar fisicamente pessoas apenas impondo as mãos sobre elas e pedindo por sua cura. Tive, em muitos momentos, a minha carência e os meus traumas pessoais aliviados por uma companhia interior que desafiava os sentidos físicos da minha percepção, mas não deixava dúvidas: estava ali. Nessa fase eu descobri um mundo interno, no meio do meio de mim mesmo, onde eu podia me encontrar com o mundo espiritual e ter a sua atenção e suporte dedicados a mim e ao meu projeto de vida.

Essa fase é tão empolgante! Tudo parece fazer sentido dentro de nós. A doutrina que ouvimos preenche nossas necessidades, responde nossas perguntas, e o quebra-cabeças da vida parece estar com todas as peças completas, formando uma linda imagem. Experimentamos o amor pelas pessoas da comunidade que frequentamos; um amor verdadeiro, sim. Mas, mais do que isso, experimentamos um amor por Deus que nos preenche completamente em espaços que nem sequer sabíamos existir em nós. Um relacionamento de amor incondicional que nos proporciona suporte, compreensão, cura, sentido e significado para todos os acontecimentos da nossa vida. Algo quase inexprimível.

E junto com esse amor, experimentamos também a arrogância de pretender ter respostas para todas as perguntas, de explicar o funcionamento da vida e as ações de um Deus invisível que regula e dirige os acontecimentos de todas as sociedades, todos os dias, na vida de todas as pessoas. Temos a certeza de que estamos no epicentro da verdade e, não raro, tentamos converter as pessoas que estão ao nosso redor. Eu pelo menos tentei...

Fase 2:

FÉ-DE-MAIS NÃO CHEIRA BEM
PERGUNTAS SEM RESPOSTAS NOS COLOCAM EM MOVIMENTO

> "A iluminação é um processo destrutivo. Não tem nada a ver com tornar-se melhor ou ser mais feliz. A iluminação é o desmoronamento do falso. É ver através da fachada das aparências. É a completa erradicação de tudo o que imaginávamos ser verdade."
>
> **Adyashanti**

O problema começa quando as crenças, regras, regimes e mandamentos que tentam emoldurar a experiência mística e definir o que é ser religioso, cristão, correto não conseguem abraçar a imensa diversidade da natureza humana e classificam tudo e todos que são diferentes do padrão religioso que seguimos como hereges, pecadores e mundanos.

Por exemplo: tenho grandes amigos dessa fase religiosa no catolicismo que se revelaram mais tarde homossexuais. Veja bem, eu quase escrevi que eles "se descobriram"… mas eles não se descobriram homossexuais, apenas se revelaram. Sempre o souberam, dentro de si, desde sempre. Certa vez perguntei a um desses amigos: "Quando você percebeu que era gay?". E a resposta dele foi: "Desde que me entendo por gente. Em minhas primeiras memórias de vida, na escolinha, com cinco ou seis anos, já me lembro de preferir a estética do corpo masculino à do feminino".

Se uma pessoa tem a clareza de perceber a sua natureza desde sempre, entendo que a sua orientação é tão natural quanto a cor dos seus olhos ou o tipo do seu cabelo. Mas para o cristianismo tradicional só existe uma orientação afetiva e sexual: homens com mulheres; mulheres com homens. Ponto. Qualquer coisa diferente disso está fora dos "planos de Deus".

Só que tão natural quanto é, para mim, gostar de chocolate com castanha, é, para esses meus amigos, se sentirem física e emocionalmente atraídos por pessoas do mesmo sexo. Na versão oficial do catolicismo, eles estão cedendo às inclinações do diabo, logo, são pecadores e romperam com o plano de Deus para suas vidas. Só que, dentro da mesma lógica da teologia católica, Deus é o autor da natureza; é o criador de tudo, o tal onipotente, onipresente e onisciente! Como é que esse detalhe escapou? Se ele criou a natureza, como é que alguém, em sua natureza, pode naturalmente se sentir

OS SEM RELIGIÃO

inclinado a viver na contramão dos "planos de Deus"? Deus errou a mão ao chamar meus amigos à existência, ou o diabo tem força suficiente para mudar a natureza que Deus criou? Se o diabo pode mudar a natureza do trabalho de Deus, ele é mais forte que Deus… e por aí seguem questionamentos sem fim.

Mas questionar a fé e a teologia não é algo bem-vindo. Lori Gottlieb dizia que a liberdade envolve responsabilidade, e existe uma parte na maioria de nós que acha a responsabilidade assustadora. Estou dando o exemplo da sexualidade, mas poderia dar o exemplo das pessoas divorciadas, dos pais ou mães solteiros, do papel do sexo nos relacionamentos, dos conflitos armados defendidos e às vezes apoiados pela religião, do vegetarianismo e tantas outras questões arbitradas em nossa sociedade pelo pensamento religioso.

Como comentei na fase anterior, a gente fica em uma religião porque existem laços sociais de incentivo e uma experiência espiritual genuína. Sabemos o que vivemos em nosso mundo interior. Ninguém pode sequestrar as nossas experiências e descobertas espirituais porque nada substitui a experiência direta. Ninguém além de nós pode experimentar nossa própria mente ou responder às nossas próprias perguntas.[22] Sabemos o que vivemos e experimentamos. Experiências espirituais verdadeiras mudam a nossa definição de nós mesmos e afetam a forma como tomamos decisões em nossa vida. Elas são reais.

Essas experiências, naturais e orgânicas a todos os seres humanos,[23] ganham uma moldura de dogma no contexto religioso (dogma: convenções humanas que definem o que é uma "verda-

---

22. MATTIS-NAMGYEL, Elizabeth. *O poder de uma pergunta aberta: o caminho do Buda para a liberdade.* Teresópolis: Lúcida Letra, 2018. p. 144-145.

23. Veja mais sobre os aspectos orgânicos e psíquicos da espiritualidade no capítulo "Espiritualidade: não é sobre ser religioso, é sobre ser humano".

de inquestionável"), e a moldura de dogma ganha uma camada de instituição. É nessa camada de instituição que começam os problemas, os abusos e os traumas (afinal, precisamos manter, perpetuar a instituição, custe o que custar).

Quando começamos a perceber a camada institucional impondo suas prioridades sobre as pessoas como um rolo compressor é que percebemos a violência contra quem somos em essência. Os líderes religiosos, conhecendo com certa propriedade a experiência espiritual individual (que para o indivíduo é sua verdade interior), usam o poder do dogma, da padronização, para exercer o poder institucional sobre a vida da pessoa que está envolvida. Partem de uma "verdade", de uma experiência que mexe com as estruturas da pessoa, de algo que faz sentido para ela, e utilizam isso para impor diretrizes de uniformização e institucionalização. E as pessoas ficam muitas vezes em condição de abuso emocional e psicológico, porque vivem experiências reais que partem desse núcleo de verdade e, confusas, não alcançam perspectivas mais amplas da vida.

O fato é que a **diversidade de expressões da natureza humana criada por Deus não cabe dentro das religiões que pretendem**

monopolizar o acesso a Ele. As incoerências sistêmicas e organizacionais provocam um despertar interior para a busca da "verdade", daquilo que é de fato verdadeiro, coerente, que faça sentido. **Resultado: crise existencial.** A mesma fé que outrora nos fazia tão bem começa a falhar ao responder questões práticas da vida com rótulos que classificam a tudo e a todos como pecadores diabólicos.

> **AS INCOERÊNCIAS SISTÊMICAS E ORGANIZACIONAIS PROVOCAM UM DESPERTAR INTERIOR PARA A BUSCA DA "VERDADE", DAQUILO QUE É DE FATO VERDADEIRO, COERENTE, QUE FAÇA SENTIDO**

Fase 3:

O SABOR AMARGO DE NÃO CABER
E O ALTO PREÇO DO SILÊNCIO

A cada culto, a cada missa, a cada reunião, as mesmas ideias são repetidas e reverberam num coletivo de mentes distraídas que foram programadas para concordar sem pensar e repetir sem questionar. As questões que trazemos abertas dentro de nós parecem reagir às pregações, homilias e palestras religiosas. O que não faz sentido grita dentro de nós como um bicho furioso querendo romper os limites da jaula social onde nos percebemos, mas aos olhares externos mantemos o sorriso polido que disfarça o terremoto interno que mora em nós e sacode todas as nossas estruturas. O silêncio diante do rebanho nos custa muito caro.

O termo **sinceridade** vem do latim "sine cera", ou "sem cera". Na Roma antiga, alguns ceramistas desonestos costumavam preencher as imperfeições e rachaduras das estátuas com cera, para manter o alto valor de aquisição e enganar os compradores. Com o tempo os compradores foram descobrindo tais artimanhas e as denominavam "cum cera". Valendo-se disso, profissionais honestos faziam questão de dizer que suas esculturas eram "sine cera", ou seja, perfeitas, puras e sem cera, sem disfarce.

A impossibilidade de viver sinceramente uma prática espiritual é torturante, porque não existe cera que resolva uma trinca que expande a nossa estrutura de crenças, valores e compreensão de mundo. Não somos seres cenográficos, precisamos existir de verdade, existir *sine cena.* Oscar Wilde dizia que pouca sinceridade é uma coisa perigosa, e muita sinceridade é absolutamente fatal. No contexto religioso, não poderia ser mais preciso. "Grandes pensamentos são contra todas as doutrinas da conformidade", já diria Austin Osman Spare. E, porque sabemos que a sinceridade absoluta é fatal, por muito tempo nos calamos e não batemos de frente com o pensamento religioso no comando. Talvez por falta de argumento, talvez por medo de não pertencer mais. Talvez por pura preguiça intelectual, ao melhor estilo "deixa como está pra ver como é que fica"; "está ruim, mas está bom"; "tenho outras coisas mais urgentes para resolver do que ficar pensando nisso"; "mente vazia é oficina do diabo" etc.

> A IMPOSSIBILIDADE DE VIVER SINCERAMENTE UMA PRÁTICA ESPIRITUAL É TORTURANTE, PORQUE NÃO EXISTE CERA QUE RESOLVA UMA TRINCA QUE EXPANDE A NOSSA ESTRUTURA DE CRENÇAS, VALORES E COMPREENSÃO DE MUNDO

Marlene Winell diz que "há alguma semelhança com o vício de drogas, no sentido em que as pessoas tentam encontrar formas de evitar a responsabilidade por suas vidas e a recuperação é difícil, porque requer que você enfrente esse problema". Ela ainda compara o desconforto religioso com a violência doméstica sofrida por

OS SEM RELIGIÃO

mulheres, em que a vítima sente que a culpa é sua e tende a permanecer na situação. "Na verdade, a pessoa passa por um período de confusão sobre isso, porque ela foi ensinada a formar sua identidade pessoal a fim de identificar-se com Deus e considerar apenas Deus como algo bom e valioso. Normalmente, eles acreditam que são pecadores desde o nascimento e precisam ser salvos, portanto, não veem nenhum valor além da graça de Deus." Isso porque o dogma rouba a nossa identidade. Dogma é padronização. Mas uniformidade não é unidade, é o oposto de identidade. Para você entender bem esse conceito, preciso fazer uma pausa e viajar um pouco no tempo com você.

A HISTÓRIA É MAIS ANTIGA DO QUE VOCÊ PENSA

Na origem o cristianismo, havia diversos grupos que compreendiam de forma diferente a mensagem de Jesus. Não havia unanimidade de opiniões sobre o significado dos seus ensinamentos. Não é difícil de imaginar esse contexto. Segundo Christopher Partridge, da Universidade de Chester, no Reino Unido, e editor do *Dicionário de religiões contemporâneas no mundo ocidental*, há 33.830 diferentes denominações cristãs no mundo, do catolicismo romano às assembleias de Deus, do protestantismo às igrejas universais, mundiais, internacionais... (e outros anais que não vêm ao caso). Cada uma com uma forma di-

> O DOGMA ROUBA A NOSSA IDENTIDADE. DOGMA É PADRONIZAÇÃO. MAS UNIFORMIDADE NÃO É UNIDADE, É O OPOSTO DE IDENTIDADE

ferente de compreender a mensagem de Jesus.[24] No começo, não era diferente de hoje.

Os diferentes grupos tinham diferentes perspectivas sobre a ressurreição, a divindade de Jesus, o papel dos apóstolos e da Igreja. Mas um desses grupos, historicamente conhecidos como ortodoxos, com habilidade política e argumento estratégico conveniente, foram oficializados pelo Império Romano como sua nova "religião oficial". Na época da conversão do imperador Constantino, quando a perspectiva ortodoxa do cristianismo se tornou a religião oficial, aprovada no século IV, os bispos cristãos, antes vítimas da polícia, agora a comandavam. Em outras palavras, quando os ortodoxos são oficializados pelo império, o poder militar que antes matava os cristãos passa a atuar apenas contra os "hereges". E quem eram os hereges?

Se ortodoxos são os cristãos cuja perspectiva foi oficializada pelo Império Romano, hereges são os cristãos de todas as outras perspectivas. E "se você não está 100% com a gente, está contra nós".

Sempre ouvimos falar dos hereges e suas heresias – perspectivas errôneas que destoam e discordam do dogma[25] – por meio dos textos oficiais da Igreja que os classificavam como "adversários da

---

24. Gordon Melton, fundador do Instituto para o Estudo da Religião Americana e editor da *Enciclopédia das Religiões Americanas*, calcula que a cada ano surgem de três mil a quatro mil novas religiões no mundo – ou seja, por volta de dez por dia. Trata-se apenas de uma estimativa, já que é impossível saber com certeza o número exato. "A maioria das novas religiões é tão pequena e de vida tão curta que elas não chegam a ser notadas pela mídia, pelas autoridades ou por acadêmicos", diz Lorne Dawson, diretor do departamento de Estudos Religiosos da Universidade de Waterloo, no Canadá. Melton acredita que, das novas religiões, de mil a duas mil desaparecem anualmente. "As pessoas fazem releases dizendo que fundaram uma nova religião, mas não fazem releases para contar que elas morreram." (Cf. PAOLOZZI, Vitor. Religiões brotam e morrem aos milhares. *Folha de S. Paulo*, 14 ago. 2005. Disponível em: https://www1.folha.uol.com.br/fsp/mundo/ft1408200515.htm. Acesso em: 27 jul. 2023).

25. Lembre-se sempre do dogma como uma perspectiva absoluta da verdade que foi convencionada, acordada, combinada pelos ortodoxos.

OS SEM RELIGIÃO

verdadeira fé". Só mais recentemente é que em Qumran, no Mar Morto, no fim da década de 1940 e durante a década de 1950, e em Nag Hammadi, no Alto Egito, em 1945, papiros contendo diversos textos cristãos alternativos e outros evangelhos que não os quatro oficializados pela tradição cristã ortodoxa foram encontrados. Caso tivessem sido achados mil anos antes, os textos provavelmente teriam sido queimados como hereges.[26] Mas, coincidência ou não, foram encontrados justamente quando a humanidade já tinha maturidade para abraçar novas perspectivas.

> [...] aqueles que escreveram e divulgaram esses textos (apócrifos) não se consideravam "hereges" [...]. Muitos alegam oferecer tradições secretas e ocultas sobre "Jesus" aos "muitos" que formaram, no século II, a chamada "Igreja Católica". Esses cristãos são hoje conhecidos como **gnósticos**, termo proveniente da palavra grega *gnosis*, em geral traduzida como "conhecimento".[27]

A perspectiva gnóstica do cristianismo foi suprimida da história com uso do poderio militar romano por parte da "Igreja verdadeira". E por que a perspectiva ortodoxa foi validada pelo Império? Por conveniência e utilidade política.

Constantino enfrentava a fragmentação dos domínios imperiais e precisava desesperadamente centralizar o poder em suas mãos outra vez. A ideia de um único Deus, um emissário ressuscitado e uma única tradição apostólica incumbida de validar a verdade absoluta lhe era extremamente conveniente, do ponto de vista

---

26. PAGELS, Elaine. *Os Evangelhos Gnósticos*. Rio de Janeiro: Objetiva, 1979, p. 167-168.

27. Ibid.

político-estratégico. Diferentes perspectivas espirituais teriam diferentes implicações políticas naquele momento.

Os ortodoxos defendiam a ideia de que Jesus ressuscitou em corpo físico, num evento único na história, e apareceu somente para os apóstolos. Sendo os apóstolos exclusivamente as "testemunhas oculares", a Igreja da sucessão "apostólica" nasce da autoridade desse testemunho. Nenhuma outra igreja poderia haver, porque só aqueles homens viram, ao vivo e a cores, Jesus ressuscitado. Quem estivesse ligado à tradição dos apóstolos estaria ligado à "verdadeira Igreja" e consequentemente a Jesus, emissário do único Deus. Logo, como testemunhas oculares, eles se tornam os "curadores da verdade". São eles os habilitados por Deus para "ligar na Terra o que será ligado no céu e desligar na Terra o que será desligado no céu".[28] Pronto, a plataforma política de Constantino estava criada a partir de uma perspectiva espiritual: um só Deus, uma só Igreja, um só Imperador, garantindo com tal discurso uma **uniformidade vertical** que lhe daria novamente o controle e as rédeas do império, agora com o patrocínio do Deus cristão. Passa a ser do interesse do Estado que essa perspectiva de cristianismo seja definida como a "verdadeira" e todas as outras sejam consideradas hereges.

Mas, como eu disse antes, a diversidade de expressões da natureza humana criada por Deus não cabe dentro das religiões que pretendem monopolizar o acesso a Ele. Para os gnósticos, Jesus ressurge da morte, num evento com desdobramentos místicos atemporais, e aparece para quem estiver preparado. Nesse sentido, é a busca pelo autoconhecimento o caminho que nos prepara para esse encontro, que transforma todos nós em testemunhas oculares. A "irmandade cristã" é compreendida como toda a comunidade multidimensional

---

28. Mateus 18:18.

OS SEM RELIGIÃO

que acessou esse **saber** (de sabor, como algo que se experimenta e é íntimo, pessoal, individual e intransferível[29]). A autonomia, no caminho do conhecimento, define a minha conexão com a Consciência Crística (a força espiritual que inspirou Jesus e pode nos inspirar todos os dias). Logo, os gnósticos entendem que um só e mesmo Espírito move tudo em todos, criando uma **unidade horizontal** que colapsa diretamente com a da Igreja romana. Para os cristãos gnósticos, a autoridade reservada aos bispos e padres pela tradição ortodoxa é de todos aqueles que ousam buscar o autoconhecimento e se descobrem os verdadeiros sacerdotes de si mesmos.

ORTODOXOS	GNÓSTICOS
Jesus ressuscitou em corpo físico, num <u>evento único na história,</u> e apareceu <u>só para os apóstolos</u>	Jesus ressurge da morte, <u>num evento com desdobramentos místicos atemporais,</u> e aparece para quem estiver <u>preparado</u>
Sendo os apóstolos as "testemunhas oculares", a Igreja da sucessão "apostólica" nasce da <u>autoridade desse testemunho</u>	A busca pelo <u>autoconhecimento</u> é o caminho que nos prepara. A "irmandade cristã" é compreendida como toda a comunidade multidimensional que acessou esse SABER

---

29. Sua representação é dada no latim como *sapĕre*, no que diz respeito a uma percepção de valoração e acumulação de informações. Tem um vínculo estreito com a capacidade do sabor, com elementos em comum, postulando a experiência. Ninguém nasce sabendo: a pessoa prova, saboreia, avalia e pratica o que foi aprendido. É um processo inerente ao indivíduo, que é constantemente transformado e adaptado ao longo da sua vida a partir da convergência de novos dados. Fonte: https://etimologia.com.br/saber/

ORTODOXOS	GNÓSTICOS
Quem estiver ligado à tradição dos apóstolos está ligado à "verdadeira Igreja" e consequentemente a Jesus	A autonomia, no caminho do conhecimento, define a minha conexão com a Consciência Crística
Um só Deus, uma só Igreja, um só Imperador	Um só e mesmo Espírito move tudo em todos
UNIDADE VERTICAL	UNIDADE HORIZONTAL

A realidade é que percebemos apenas vagamente o quanto o pensamento religioso emoldura a nossa compreensão sobre quem de fato somos, nossa identidade e compreensão de nossa natureza. Isso pode parecer uma mera brisa filosófica, mas não é.

[…] [Há] uma correlação patente entre a teoria religiosa e a prática social. Entre os grupos gnósticos […] as mulheres eram consideradas iguais aos homens; algumas eram reverenciadas como profetas; outras agiam como professoras, evangelistas viajantes, curandeiras, padres, talvez até bispos.[30]

A compreensão de quem somos (identidade) afeta diretamente a nossa capacidade de interagir com o mundo e tomar decisões. E as decisões que tomamos dirigem os rumos da nossa vida. Dizemos constantemente que religião não se discute, que cada um deve acreditar no que quiser, que não se mistura religião no ambiente de tra-

---

30. PAGELS, Elaine. *Os Evangelhos Gnósticos...* op. cit.

balho; mas, se minha definição de quem eu sou passa pela minha compreensão da vida, moldando valores que orientam minhas decisões práticas, o Deus em quem acredito afeta muito o tipo de profissional e cidadão que eu sou.

É na fase do "Sabor amargo de não caber" que nos descobrimos <u>gnósticos modernos</u>. Os conflitos que vivemos são reflexo dos conflitos históricos que marcaram o início do cristianismo e o nascimento da Igreja romana (e que tanto sangue derramaram). É como se essa treta histórica ecoasse dentro de nós.

> **A COMPREENSÃO DE QUEM SOMOS (IDENTIDADE) AFETA DIRETAMENTE A NOSSA CAPACIDADE DE INTERAGIR COM O MUNDO E TOMAR DECISÕES**

Todos os olhares decepcionados parecem se voltar para nós como se nossa crise e nossas perguntas fossem incômodos hereges e inconvenientes aos que escolheram se manter fiéis à "verdadeira fé".

E essa terceira fase é ainda fortemente marcada por um profundo (e desesperador) silêncio espiritual. Todas as experiências místicas e abundantes que tínhamos parecem silenciar, e a alma parece entrar numa grande noite escura, nas palavras de São João da Cruz.

Nos sentimos solitários porque fazemos perguntas que não somos capazes de responder. Buscamos o conselho dos amigos, a opinião dos que vieram antes de nós. Não raro, somos desestimulados a continuar a jornada de busca por respostas, por ser "perigosa demais". <u>O pensamento dogmático religioso só é forte quando existe o controle e a limitação das perspectivas.</u> Me lembro que, em nosso grupo carismático, alguns expressavam certa preocupação quanto ao fato de os jovens irem para faculdade, pois afirmavam

> **O PENSAMENTO DOGMÁTICO RELIGIOSO SÓ É FORTE QUANDO EXISTE O CONTROLE E A LIMITAÇÃO DAS PERSPECTIVAS**

que ela tinha "esfriado a fé de muitos e afastado outros tantos do caminho de Deus".

As perguntas gritam dentro de nós!

Suportamos enquanto podemos o fato de já não caber no pensamento religioso onde nascemos, e pagamos um preço torturante para manter o nosso silêncio cenográfico, até que…

Fase 4:

O PRIMEIRO ROMPIMENTO
A INCERTEZA QUE NOS MOVE ADIANTE

…até que a coerência nos convence a fazer sentido para nós mesmos. O primeiro rompimento pode ser gradual, como uma chama que vai se extinguindo, ou radical, de uma hora para outra, uma explosão, a partir de um acontecimento marcante.

Muitos gnósticos têm em comum com a psicoterapia uma segunda premissa importante: ambos concordam – em oposição ao cristianismo ortodoxo – que a psique possui dentro de si o potencial para liberar-se ou destruir-se. Poucos psiquiatras discordariam das palavras atribuídas a Jesus no Evangelho de Tomé: "Se revelar o que possui dentro de si, será salvo. Se não o desvelar, será destruído".[31]

---

31. Evangelho de Tomé 45.30-33, em NHL 126 (PAGELS, Elaine. *Os Evangelhos Gnósticos...* op. cit.).

OS SEM RELIGIÃO

Nessa fase somos marcados por traumas religiosos que emergem constantemente em nossa memória. E quando falo de trauma religioso me refiro não só ao sentido de religião formal, mas também a escolas filosóficas, iniciáticas, grupos de apoio, ONGs e até mesmo empresas cuja cultura corporativa pode ser bem mais dogmática do que se poderia imaginar (você provavelmente já deve ter percebido que essas fases se aplicam a várias outras dimensões da nossa vida!).

No livro da psicóloga norte-americana Marlene Winell sobre as etapas do trauma religioso, a fase do primeiro rompimento também é apontada pela autora como uma fase de separação. É quando acontece o colapso da experiência religiosa.

O fato é que nos afastamos da nossa religião originária para poder respirar novos pensamentos por um tempo. Precisamos encontrar coerência e consistência entre o que sentimos dentro e o que é manifestado do lado de fora.

O fato de que nada é certo e, portanto, não há nada em que possamos nos agarrar pode provocar <u>medo e depressão. Mas pode suscitar também o desejo de ser surpreendido, a curiosidade e a liberdade.</u> De fato, alguns de nossos melhores momentos se dão quando ainda não decidimos o que acontecerá a seguir: andando a cavalo, o vento em nossos cabelos; em uma bicicleta, nada além de uma estrada aberta à frente; viajando em terra estrangeira onde nunca estivemos antes. Tinta e uma tela aberta. [...][32]

---

32. MATTIS-NAMGYEL, Elizabeth. *O poder de uma pergunta aberta*... op. cit., p. 33.

O primeiro rompimento é, de certa forma, uma fase criativa em que ousamos experimentar certos graus de liberdade na busca pelo que faz sentido. "Não há vida sem experiência. Vida e experiência são sinônimos."[33] Pela primeira vez pisamos em território estrangeiro, em termos de religião. Nessa fase surgem as tentativas genéricas da religião originária: católicos experimentam ser evangélicos, evangélicos experimentam ser espíritas, espíritas experimentam o budismo. "Deus é maior que tudo isso, está em todo lugar, não importa por qual religião O encontre. O importante é buscar", dizemos para nós mesmos.

O primeiro rompimento dói. Você perde o sentido de pertencimento, de comunidade, perde amigos e fica desorientado. É preciso muita força para dar o primeiro passo. Trata-se de uma experiência iniciática. Não é fácil, mas é necessário, porque, mesmo não encontrando a familiaridade que nos fazia pertencer, é a compreensão dessas experiências sem a perspectiva dogmática que nos faz perceber que "um só e mesmo Espírito move tudo em todos".

Vamos experimentando o caber, o adequar e o ressignificar. Tentamos criar novos grupos de amigos porque sentimos terrivelmente a falta do ambiente familiar da comunidade onde nos descobrimos e aprendemos a ser quem somos. Sem essa comunidade de pessoas por perto, nossa própria identidade é posta em xeque. Quem, afinal de contas, eu sou? Será que eu sou quem eu acho que sou, ou será que sempre tentei ser o que os outros esperavam que eu fosse? Será que tomei minhas decisões por mim, ou as tomei por medo de ir para o inferno, de perder o respeito e a admiração dos outros? Será que escolhi minhas escolhas? Ou escolhi o que outros escolheram para mim?

---

33. Ibid., p. 145.

OS SEM RELIGIÃO

São questões difíceis que emergem com muita revolta dentro de nós, à medida que percebemos que construímos quem somos a partir da qualidade dos relacionamentos que criamos. E não raras vezes, novos amigos nos propõem novas formas de crer, e porque admiramos a conduta e as atitudes desses amigos, ousamos experimentar um novo grupo, ainda que, por um bom tempo, um sabor rançoso permaneça em nós, porque parte das antigas experiências que ainda fazem sentido no nosso mundo interior já não cabem no novo contexto religioso. Eu, por exemplo, sempre nutri certa admiração por Maria, mãe de Jesus, e por muito tempo pisei em ovos enquanto experimentava o contexto protestante; curtia algumas cartas apostólicas de certos papas, mas precisava disfarçar bem em rodas de amigos espíritas; sempre curti algumas psicografias de Chico Xavier ou dos livros de Allan Kardec, mas precisava deixar o assunto de lado quando falava com amigos iogues ou budistas. E por aí vai...

> **CONSTRUÍMOS QUEM SOMOS A PARTIR DA QUALIDADE DOS RELACIONAMENTOS QUE CRIAMOS**

"Temos em nós mesmos, pelo pensamento e pela vontade, um poder de ação que se estende muito além dos limites de nossa esfera corpórea."

Alan Kardec

Com o primeiro rompimento, nos sentimos estrangeiros em terra de ninguém. Nossa bagagem não parece ter valor para as novas etapas da estrada que precisamos percorrer. Carecemos desesperadamente de sentido, do espiritual, daquilo que outrora aquecia e afagava o nosso peito com os melhores sentimentos... peito que agora parece vazio.

Experimentamos paralelamente a sensação de que podemos tudo. De que somos donos da nossa vida e fazemos o que quisermos. Entramos em várias enrascadas a partir desse sentimento e penetramos na nova fase.

Fase 5:

O MEDO DA TRANSIÇÃO A PARTIR DAS CRENÇAS LIMITANTES

> "O medo mata a mente. O medo é a pequena morte que leva à aniquilação total."
>
> **Frank Herbert em *Duna***

Marlene chama essa fase de confusão, e não posso discordar dela. Após o primeiro rompimento, doía para mim perceber que eu não era mais parte da instituição onde originalmente aprendi a ter fé. E o que mais dói é a dor causada pelo dogma, por crenças limitantes. Existe muita confusão entre dogma, instituição e a verdade interior das experiências espirituais que vivemos.

As primeiras decisões e a ideia de que "agora eu faço o que eu quiser porque quem manda na minha vida sou eu" acendem em nós certa imprudência que quase sempre termina em merda. E na merda, as antigas crenças limitantes voltam a nos assombrar. Acreditamos que a liberdade de fazer o que quiséssemos nos daria de volta a felicidade que almejamos; mas, ao contrário, o sofrimento parece ainda maior e mais solitário.

> E se...
>
> E se eu estiver de fato errado e eles estiverem certos?
>
> E se eu estiver traindo Deus?
>
> E se eu for o filho pródigo da parábola?
>
> E se o demônio ou os espíritos obsessores tiverem me enganado?
>
> Nos sentimos novamente separados.

O que não percebemos num primeiro momento é que existe uma incoerência entre a ideia de religião e a hipocrisia institucional. **Religião vem de *religare*.** *Ligare* é um verbo que traz a ideia de vínculo, uma ligação. *Religare* evoca o fortalecimento desse vínculo. Sua reafirmação ou seu refazimento, sua restauração.

A instituição religiosa, para garantir sua subsistência, relembra que o pobre ser humano pecador está separado de Deus, e tem na religião o vínculo que o **religa** ao criador, desde que ele se disponha a seguir alguns combinados. Por módicos preços (pagos com moeda, emoção, tempo, disposição e outras *cositas más*), a religião atua como intermediária do divino (ou seria interMERDIária?).

Fomos categoricamente programados para nos sentir uns merdas sem a religião. Incentivados a fazer as pazes com ela, a partir de jargões como "o bom filho à casa torna" e coisas do tipo.

Mas a confusão é ainda maior quando as memórias das experiências espirituais disparam em nós a saudade do pertencer. Fazer parte é tão profundamente importante para nós que ousamos imaginar fechar os olhos para os incômodos e incoerências que percebemos na estrutura religiosa apenas para poder viver novamente o sentido e a integração com algo maior que sempre deu significado para nossa vida.

Vivemos uma montanha-russa de emoções. Tocamos o eterno que significa e somos bruscamente despertados pelas incoerências que matam o significado. Vivemos altos e baixos na busca por algo que nos faça sentir pertencentes novamente. A instabilidade emocional deflagra o medo e drena nossas forças.

É quando entendemos o significado da letra e cantamos com a Rita:

Baby baby
Não adianta chamar
Quando alguém está perdido
Procurando se encontrar
Baby baby
Não vale a pena esperar, oh não
Tire isso da cabeça
E ponha o resto no lugar

Fase 6:

O ROMPIMENTO TOTAL
ENCONTRAMOS A MESMA MERDA EM TODO LUGAR, E APONTAMOS O CULPADO DE TUDO: DEUS.

> "Procuro despir-me do que aprendi. Procuro esquecer-me do modo de lembrar que me ensinaram, e raspar a tinta com que me pintaram os sentidos, desencaixotar as minhas emoções verdadeiras, desembrulhar-me e ser eu..."
>
> **Alberto Caeiro**

OS SEM RELIGIÃO

Minha experiência mística-espiritual era tão importante para mim dentro do catolicismo que pensei diversas vezes em me tornar sacerdote. Desde os oito ou nove anos aquilo me atraía. Mas, entrando na adolescência, comecei a namorar, e cheguei a considerar a possibilidade de morar numa comunidade de aliança e vida católica, um novo modelo de consagração para pessoas que querem viver 100% como missionários. São pessoas que deixam suas vidas regulares, vendem tudo o que têm e vão dedicar a vida exclusivamente a serviço da Igreja.

Foi nesse contexto que o meu primeiro rompimento aconteceu, porque comecei a questionar demais e esbarrei no conceito de obediência: "Você deve obedecer aos seus líderes, porque a hierarquia da Igreja é o poder de Deus na Terra. Ao chegar ao céu, seus líderes prestarão contas das decisões que tiverem tomado, e você prestará contas sobre a fidelidade da sua obediência. Não questione, apenas seja dócil à autoridade de Deus na Terra".

Pausa para vômito.

Pronto, voltei. Aquilo não fazia o menor sentido para mim. Por que é que Deus me deu um cérebro e uma mente sagaz se não posso questionar nada do que os idiotas que estão acima de mim na hierarquia decidem?

Com o primeiro rompimento, eu me mudei para São Paulo, fui cuidar da minha empresa, carreira. Tentei buscar outros contextos. Acabei com vários clientes evangélicos, artistas, grandes produtores, colégios, igrejas e convenções. Eu sabia falar a linguagem deles e, como publicitário, sempre fui muito reconhecido no meio pelos resultados que era capaz de gerar.

Posso dizer sem qualquer constrangimento que trabalhar nos "bastidores da fé" me levou ao segundo colapso espiritual, o mais forte de todos, talvez. Era tanta corrupção, tanta sujeira, tantos escândalos abafados para que os fiéis nem sequer ficassem sabendo: escândalos financeiros e sexuais, lobbies, favorecimento, nepotismo... Nada diferente do que vemos todos os dias no chorume que escorre pelos televisores que noticiam a política brasileira.

Me tornei ateu. A sujeira maquiavélica que encontrei por toda parte me fez desacreditar completamente na possibilidade de uma inteligência superior por trás de tudo. "Se Deus existe, ele é um incompetente, um péssimo administrador, no mínimo", era o que eu dizia a mim mesmo. Como era possível que essas pessoas estivessem onde estavam, agindo em nome de Deus, "na sua igreja", falando em nome "do seu filho"?

A todo momento eu me lembrava do filme *Anjos e demônios*, baseado na obra de Dan Brown, quando o terrorista secretamente contratado pelo camerlengo para sequestrar os cardeais elegíveis ao papado se volta para o professor Robert Langdon e diz: "Não quero matar vocês. Já tive várias oportunidades de fazer e não o fiz, porque vocês são pessoas boas. Mas não me sigam. Porque senão terei que matá-los. **E tenham cuidado... Esses homens são homens de Deus...**", referindo-se aos autores das tramas secretas que corriam em paralelo nos corredores do Vaticano.

Os segredos institucionais escondidos da opinião pública são uma força que corrompe o potencial da nossa sociedade de dentro para fora. A cera do discurso público oculta rachaduras profundas que atrofiam as instituições que deveriam funcionar como organismos vivos a serviço do potencial humano.

As coisas que presenciei me decepcionaram profundamente. Era como se um amargor

> OS SEGREDOS INSTITUCIONAIS ESCONDIDOS DA OPINIÃO PÚBLICA SÃO UMA FORÇA QUE CORROMPE O POTENCIAL DA NOSSA SOCIEDADE DE DENTRO PARA FORA

OS SEM RELIGIÃO

profundo me invadisse a alma e dissipasse todas as esperanças. O beijo de um dementador não me teria feito tão mal quanto o convívio com os bastidores de grandes redes de igrejas que se comportam como franquias de Jesus num mercado de otários que podem ser facilmente enganados.

Marlene Winell chama essa fase de negação: a confusão entre o que é verdade, dogma e instituição nos leva à negação. O sujeito vive uma fase de ateísmo, descrença, desconexão completa. Uma desorientação que gera medo, e, pelo medo, vem a negação. E foi nessa fase de negação que ouvi um dos conselhos mais sábios do padre Lucas, meu antigo confessor e mentor espiritual. Quando disse para ele que não conseguia mais acreditar em nada, ele me disse: "A partir de agora, não posso mais te ajudar, você vai ter que olhar para dentro de si sozinho. Mas se eu puder te dar um último conselho, diria que no meio dessa confusão e negação existem sementes de luz que vão te apontar para o caminho. E você vai ver que 'Ele' continua morando dentro de você. Você vai precisar procurar bem... mas está aí, tenho certeza!".

Esse conselho ecoou por muito tempo. Passei alguns anos assim. Nessa época, por causa do meu trabalho de pós-graduação em Estratégia Militar para Gestão de Negócios, entrei em contato com as estratégias utilizadas pelo Partido Nazista para manipular e direcionar a opinião pública, durante a Segunda Guerra Mundial, e tive o dissabor de perceber que as mesmas técnicas ainda continuavam a ser utilizadas por organizações políticas, corporativas e religiosas dos nossos dias. São ferramentas subliminares de manipulação das pessoas e da opinião pública, pilares que formam as principais estratégias de controle das massas.

A teoria da propaganda de Joseph Goebbels, responsável pelo Ministério para Esclarecimento Popular e Propaganda do Partido

Nazista, pode ser resumida em um princípio: "as massas são ignorantes, portanto, a mensagem deve ser direta; portanto, a propaganda deve agradar; para tanto, seu modelo não é a política, mas o entretenimento".[34] As grandes religiões seguem à risca o mesmo princípio: para popularizar é preciso simplificar.

Não estou falando aqui de outra coisa senão de técnicas de controle e manipulação das massas. Qual o valor de um conhecimento como esse numa sociedade democrática, em que os líderes do povo soberano são eleitos pela maioria? Leonard Doob, em um dos seus estudos, enumera os onze pilares da mensagem comunicada por propagandas manipuladoras de massa. Esses pilares fundamentais parecem responder diretamente a todos os anseios e linhas de pensamento correntes no contexto histórico da Alemanha nazista tanto quanto no contexto religioso dos bastidores da fé. Confira atentamente os conceitos apresentados a seguir e me diga se não é capaz de reconhecer cada um deles no movimento da religião.

SIMPLIFICAÇÃO DO INIMIGO OU INIMIGO ÚNICO. É importante adotar uma única ideia, um único símbolo. Transforme seu adversário em um único inimigo.

MÉTODO DO CONTÁGIO. Reúna todos os seus adversários em uma só categoria, em uma soma individualizada.

TRANSPOSIÇÃO. Leve para os adversários seus próprios erros e defeitos, respondendo ataque com ataque. Se não puder negar as más notícias, invente outras que os distraiam.

---

34. MARTINO, L. M. A estética da propaganda política em Goebbels. *Revista Comunicação & Política*, v. 25, n. 2, p. 35-53, 2009.

OS SEM RELIGIÃO

EXAGERAR E DESFIGURAR. Aumente a proporção de uma história: por menor que ela seja, talvez só contra você, transforme-a em ameaça grave, que seja ruim para os outros.

VULGARIZAÇÃO. Toda propaganda deve ser popular, adaptando seu nível ao menos instruído dos indivíduos aos quais se dirija. Quanto maior a massa a convencer, menor o esforço mental a realizar. A capacidade receptiva das massas é limitada, sua compreensão, escassa, e elas têm grande facilidade para esquecer.

ORQUESTRAÇÃO. A propaganda deve limitar-se a um número pequeno de ideias e repeti-las incansavelmente, apresentando-as uma e outra vez, de diferentes perspectivas, mas sempre convergindo para o mesmo conceito, sem fissuras nem dúvidas (famoso bordão).

RENOVAÇÃO. Emita sempre informações e argumentos novos a um ritmo tal que, quando o adversário responda, o público já esteja interessado em outra coisa.

VEROSSIMILHANÇA. Construir argumentos a partir de fontes diversas, por meio de informações fragmentárias.

SILENCIAÇÃO. Encobrir as questões sobre as quais não tenha argumentos e dissimular as notícias que favorecem o adversário, contraprogramando com a ajuda dos meios de comunicação afins (se algo estiver ruim e isso não estiver a seu favor, aposte na propaganda e mostre que as coisas estão melhores ou melhorando, ainda que não estejam).

TRANSFUSÃO. A propaganda sempre opera a partir de um substrato preexistente, seja uma mitologia nacional, seja um complexo de ódios e preconceitos tradicionais. Trate de difundir argumentos que possam arraigar-se em atitudes primitivas.

UNANIMIDADE. Convença as pessoas de que elas pensam "como todo mundo", criando uma (falsa) impressão de unanimidade.[35]

Eu sei, é revoltante descobrir que você foi manipulado e direcionado como uma ovelha ao matadouro da autonomia intelectual. Ao entrar em contato com esse e outros conteúdos, a minha fé morreu. Nada conseguia sobreviver dentro de mim, e mais paranoico eu ficava diante de qualquer manchete de portal de notícias que anunciasse qualquer coisa ligada a religião.

Pausa rápida: gravei uma aula em vídeo sobre esse tema chamada "Armas subliminares de manipulação das massas", comentando cada um dos onze pilares. Caso você se interesse pelo tema, pode assistir gratuitamente escaneando esse QR Code. Se quiser fazer uma pausinha no livro e assistir, acho que pode ser legal.

https://youtu.be/mRYxwjX4OtY

Ao mesmo tempo que a revolta mental me levava à loucura, com reações inflamadas contra qualquer discurso religioso, algo me perturbava secretamente: a memória das minhas experiências místicas e paranormais, vividas no contexto religioso.

A paranormalidade é o campo de estudos da Psicologia Anomalística, uma área que estuda experiências humanas ditas raras, excepcionais. Trata-se de percepções extrassensoriais que fogem às

---

[35]. DOOB, Leonard W. *Goebbels' Principles of Propaganda*. Oxford: Oxford University Press, 2008.

OS SEM RELIGIÃO

evidências físicas mais mensuráveis mas constituem fonte de informações, conhecimento, sentido e significado para aqueles que as experimentam. São saberes que populam a consciência por caminhos alternativos que escapam às vias de cognição tradicionalmente conhecidas. Particularmente não acredito que sejam tão raras assim. Mas voltaremos a falar disso mais à frente.

O fato é que boa parte de quem eu sou foi construída em torno dessas experiências reais, humanas, espirituais, vividas no meu mundo interior a partir de contextos religiosos. Experiências inquestionáveis, muito verdadeiras para mim, cujas consequências puderam ser confirmadas na vida real exterior. Como era possível que eu tivesse experimentado tudo aquilo se Deus não existisse?

Quando comemos, nós ingerimos, processamos e eliminamos comida. Nossos corpos usam a comida como combustível para a vida e eliminam aquilo que não é mais útil. Seria ótimo poder afirmar que digerimos nossas experiências com a mesma facilidade. Mas há algo a respeito de sermos humanos que faz com que isso não nos aconteça naturalmente. Parece que não conseguimos assimilar a experiência, deixar que ela trabalhe em nós e depois deixá-la ir. Ou nós nos recusamos a ingerir a experiência – e nesse caso nossa vida não nos nutre – ou nos agarramos à experiência até que ela se torne tóxica. A luta que travamos com a experiência nos dá indigestão mental e emocional. Nossa relação com a experiência é sempre de luta contra o mundo – rejeitar o que não é desejado, tentar consertar as coisas e criar estratégias para vivermos à margem da experiência.[36]

---

36. MATTIS-NAMGYEL, Elizabeth. *O poder de uma pergunta aberta...* op. cit., p. 144-145.

Minha esperança ao jogar tudo para cima e me declarar ateu era pôr um ponto final nas perguntas que agitavam o meu mundo psíquico e o colocavam em crise. Quanta inocência minha pensar que o rompimento com qualquer contexto religioso me livraria das questões fundamentais que movem a humanidade desde todos os tempos.

Fase 7:

QUANDO A CIÊNCIA NOS LEVA PARA DEUS

> "A ciência não é apenas compatível com a espiritualidade. É uma profunda fonte de espiritualidade."
>
> **Carl Sagan**

Foi nesse momento que comecei a procurar novamente por respostas, expandindo meu repertório de fontes de conhecimento, antes limitado à literatura religiosa. Curiosamente esbarrei com o documentário *What the Bleep Do We Know!?* (no Brasil, *Quem somos nós?*). No filme de 2004, Amanda é uma fotógrafa surda, em busca de respostas para a vida e a existência. O espectador acompanha sua jornada através de conceitos científicos e espirituais, passando pela física quântica e teologia, com a colaboração de especialistas.

Conhecer os modernos conceitos da física quântica abriu para mim um mundo de possibilidades para explicar ou minimamente compreender as experiências que tinha vivido no passado. Uma rota alternativa se mostrou viável, plausível, livre do discurso religioso, com argumentos que ofereciam algum sentido sem segundas intenções.

OS SEM RELIGIÃO

Existe, de fato, uma efervescência no sentido de compreender experiências místicas e espirituais a partir de outros contextos que não o religioso. Digite por exemplo "artigos científicos sobre o poder da oração" no Google e o buscador lhe oferecerá algo como 6 milhões de resultados para explorar. Troque o termo "oração" pelo termo "mente", "artigos científicos sobre o poder da mente", e o salto será incrível: 58 milhões de resultados.

Uma matéria recente da BBC Brasil mostrou a investigação de como a espiritualidade – que não necessariamente é a religiosidade, destaca o texto – ajuda nos processos de doenças físicas e psíquicas, uma realidade em instituições como a Sociedade Brasileira de Cardiologia (SBC), o Instituto de Psiquiatria (IPq) da Universidade de São Paulo (USP) e a Faculdade de Medicina da Universidade Federal de Juiz de Fora (UFJF).

"As instituições ressaltam que espiritualidade é diferente de religião: em tese, uma pessoa religiosa é espiritualizada; mas alguém espiritualizado não necessariamente segue uma religião – e pode até não acreditar em Deus. A espiritualidade estaria ligada à busca pessoal de um propósito de vida e de uma transcendência, envolvendo também as relações com a família, a sociedade e o ambiente", relata o texto de autoria de Daniele Madureira.[37]

A espiritualidade já foi contemplada na adoção da Política Nacional de Práticas Integrativas e Complementares (PNPICs), visto que a Organização Mundial da Saúde (OMS) incluiu a dimensão espiritual no seu conceito de saúde multidimensional desde 1988, conforme veremos mais à frente.

---

37. MADUREIRA, Daniele. Cientistas investigam como espiritualidade pode ajudar a saúde do corpo. *BBC News Brasil*, 9 maio 2021. Disponível em: https://www.bbc.com/portuguese/geral-56655826. Acesso em: 27 jul. 2023.

Em outro grande veículo de circulação nacional, a revista *Veja*,[38] o médico Álvaro Avezum, diretor da Sociedade de Cardiologia do Estado de São Paulo (Socesp) e do Centro Internacional de Pesquisa do Hospital Alemão Oswaldo Cruz, assina um artigo em que diz: "De acordo com o Departamento de Espiritualidade e Medicina Cardiovascular da Sociedade Brasileira de Cardiologia (SBC/DEMCA), espiritualidade representa o conjunto de valores morais, mentais e emocionais que norteiam pensamentos, comportamentos e atitudes nas circunstâncias da vida de relacionamento (intrapessoal e interpessoal), motivado ou não pela vontade e passível de observação e de mensuração. Portanto, característica intrínseca da humanidade em que buscamos propósito e significado em nossas vidas, independentemente de religião, etnia, região geográfica, profissão, escolaridade, renda familiar ou quaisquer convicções, fé, crenças ou filosofias".

Nos Estados Unidos, matéria publicada pelo site *Health Leaders Media* traz evidências a partir da pesquisa da professora da Escola de Enfermagem da Universidade do Missouri (MU) Jennifer Hulett, PhD, que observou, em seus vinte anos de atuação, que "crenças espirituais e práticas religiosas estão associadas à atividade neuroimune, acrescentando credibilidade a um modelo de saúde psiconeuroimunológico de base espiritual". O estudo de Jennifer foi publicado no *Supportive Care in Cancer* e financiado em parte pelo Instituto Nacional de Pesquisa em Enfermagem.

Evidências da natureza espiritual do ser humano e seu impacto positivo sobre a vida das pessoas não faltam.

---

38. AVEZUM, Álvaro. Ciência e espiritualidade: buscando o elo para entender a saúde e a doença. *Veja*, 6 abr. 2021. Disponível em: https://veja.abril.com.br/blog/letra-de-medico/ciencia-e-espiritualidade-buscando-o-elo-para-entender-a-saude-e-a-doenca/. Acesso em: 27 jul. 2023.

OS SEM RELIGIÃO

O que nos falta é coragem para buscar um novo repertório diante das questões que nos assaltam e fazem ruir o paradigma religioso tradicional.

Agostinho de Hipona dizia que Deus sempre abençoa o esforço da busca. A ciência começa a nos oferecer um novo prisma para a questão à medida que demonstra, de forma mensurável, que os benefícios obtidos pelas práticas espirituais de diferentes religiões chegam ao mesmo resultado prático na vida humana. A ciência, quem diria, começa a nos munir de repertórios para uma nova espiritualidade.

Foi assim que aconteceu comigo. Foi assim que fui capaz de me mover para fora da escura caverna do ateísmo para um novo lugar de compreensão da vida, da natureza humana e tudo o que sou e posso ser.

O fato é que, se permanecermos cada qual fixados em nossas próprias verdades, jamais chegaremos à mesma conclusão sobre o conhecimento que acessamos e para onde ele nos levará, porque "cada ponto de vista é a vista de um ponto". Cada um de nós terá uma leitura diferente daquilo que estamos acessando a partir dessas experiências pessoais com o mundo espiritual. Isso é natural. E essa leitura formulará a nossa "verdade" sobre aquilo. Quando digo para você que a minha verdade é certa e inquestionável, e a sua é a errada, vemos nascer um dogma. E a grande lição histórica que os dogmas nos trouxeram é que, se você não concorda com eles, vai parar na fogueira.

O teólogo Leonardo Boff tem uma visão que me agrada muito nesse sentido:

Ler significa reler e compreender, interpretar. Cada um lê com os olhos que tem. E interpreta a partir de onde os pés pisam.

Todo ponto de vista é a vista de um ponto. Para entender como alguém lê, é necessário saber como são seus olhos e qual é sua visão de mundo. Isso faz da leitura sempre uma releitura. A cabeça pensa a partir de onde os pés pisam. Para compreender, é essencial conhecer o lugar social de quem olha. Vale dizer: como alguém vive, com quem convive, que experiências tem, em que trabalha, que desejos alimenta, como assume os dramas da vida e da morte e que esperanças o animam. Isso faz da compreensão sempre uma interpretação. Sendo assim, fica evidente que **cada leitor é coautor. Porque cada um lê e relê com os olhos que tem. Porque compreende e interpreta a partir do mundo em que habita.**[39]

> CADA UM LÊ COM OS OLHOS QUE TEM. E INTERPRETA A PARTIR DE ONDE OS PÉS PISAM

Assim, o conhecimento pleno da verdade só se dá a partir de múltiplos pontos de vista experienciais. Daí a lógica da partilha e da comunidade. Baseado no meu ponto de vista, eu vivo uma experiência da "verdade" que está entre nós. A partir dessa experiência eu formulo ideias que definirão essa "verdade" e constituirão a minha perspectiva sobre ela. Talvez essa perspectiva não esteja 100% certa, nem 100% errada. É simplesmente a fração da verdade que eu dou conta de processar em meu atual estágio de evolução. Por isso é uma experiência íntima, pessoal e transcendental.

Eu não posso fazer você engolir a verdade. Nem posso colocá-la dentro de você. Só posso fazer você pensar sobre ela por meio

---

39. BOFF, Leonard. *A águia e a galinha: uma metáfora da condição humana*. 52. ed. Petrópolis: Vozes, 2014.

OS SEM RELIGIÃO

dos conteúdos que lhe apresento. O resto vai acontecer aí dentro de você, na justa medida da sua busca e sinceridade.

O Evangelho de Tomé também adverte que o autoconheci-mento envolve uma perturbação interior:

Jesus disse "Deixe aquele que busca continuar buscando até que encontre. Quando encontrar, ficará perturbado. Quando se tornar aflito, será surpreendido e reinará acima de tudo." (Evangelho de Tomé 32.14-19, em NHL 118)[40]

Eu busquei...

Fase 8:

ESPIRITUALISTA BÊBADO:
ONDE ESTÁ A VERDADE?

> "O verdadeiro filósofo, o estudante da sabedoria esoté-rica, perde inteiramente de vista as personalidades, as crenças dogmáticas e as religiões particulares."
>
> **Blavatsky**

Se a ciência apontava para os mesmos benefícios práticos obtidos por diferentes práticas espirituais de diferentes religiões, eu queria beber de todas as fontes. Minha amiga Larissa Borges chama essa fase de "espiritualista bêbado". Compramos todos os livros e cur-sos online, frequentamos todos os congressos, fazemos todos os

---

40. PAGELS, Elaine. *Os Evangelhos Gnósticos...* op. cit.

retiros, dietas e práticas meditativas para expansão de consciência, maratonamos canais inteiros no YouTube, papamos *live* atrás de *live* descobrindo grandes gurus na internet. Bebemos até cair de todas as fontes numa vaga expectativa de encontrar aquela que nos satisfaça, como outrora a religião nos satisfez. Marlene Winell chama esse período de Sentimento e Reconstrução.

Gosto de pensar nessa fase como se tivéssemos um guarda-roupa em nosso plano mental de crenças, sentidos, valores e significados. Depois da reviravolta do primeiro e segundo rompimento, é como se tirássemos tudo de dentro desse guarda-roupa e jogássemos em cima da cama. Na fase 7, a ciência vai trazendo lógica, razão e sentido, e você começa a olhar para aquilo tudo para avaliar o que vale a pena ser colocado de volta no seu guarda-roupa e o que pode ser descartado. Paradoxalmente é uma fase em que nos guiamos pelo sentir. Nem tudo é satisfeito pela lógica. O pensar é acompanhado pelo sentir e pelo agir.

A reconstrução do nosso sentido passa pelo sentir. A busca é por ele guiada.

Nessa fase de espiritualista bêbado, eu me coloquei no papel de detetive da espiritualidade e da paranormalidade. Me envolvi com a produção de alguns documentários que me permitiram entrevistar gurus e pensadores brasileiros, americanos e europeus sobre todos os temas mais estranhos que você possa imaginar: profecias, psicografias, reencarnação, espíritos, discos voadores, extraterrestres, teoria da conspiração, antigas civilizações, reuniões de mediunidade de efeitos físicos e por aí vai.

Descobri uma verdadeira festa estranha com gente esquisita, mas de alguma forma eu conseguia ver uma linha única que conectava todos os pensamentos e percepções. Conversei com médiuns, paranormais, astronautas, cientistas, físicos quânticos, teólogos,

OS SEM RELIGIÃO

psicólogos, psiquiatras, abduzidos e contatados. Eu não apenas bebi de todas as fontes. Eu realmente tomei um porre.

O mais importante dessa fase é que descobrimos diversos grupos que praticam uma espiritualidade livre, ou menos dependente da estrutura institucional religiosa, e que é possível viver o transcendental sem necessariamente dobrar os joelhos para submissão religiosa. E o que são práticas espirituais saudáveis?

Para Marlene Winell, os grupos que reúnem pessoas e promovem o autoconhecimento e crescimento pessoal podem ser considerados saudáveis. Esses grupos colocam alto valor no respeito às diferenças, e os membros se sentem empoderados como indivíduos. Eles oferecem apoio social, lugar para eventos e ritos de passagem, troca de ideias, inspiração, oportunidades de serviço e conexão com as causas sociais. Eles incentivam as práticas espirituais que promovem a saúde, como a meditação ou princípios para viver como a Regra de Ouro: **tratar as outras pessoas como gostaria de ser tratado.**

Eu particularmente não encontrei esse lugar. E por isso decidi criá-lo quando fundei o **Círculo Escola Filosófica.** Somos uma escola filosófica exoconsciente, livre, prática, descomplicada e moderna, que ensina filosofia, autoconhecimento e espiritualidade livre com um jeito fácil de entender e simples de aplicar na vida prática, porque queremos colaborar para que as pessoas realizem seu potencial, de boa e no fluxo. **Colaborar** – porque trabalhamos lado a lado, contribuindo de forma técnica, objetiva, simples e pragmática. Focamos nas **pessoas** – porque são elas as verdadeiras protagonistas de sua história. Elas têm o poder interior, imanente, de transformar-se a si mesmas. Entendemos que elas podem **Realizar seu potencial** – porque elas poderão, na medida de sua jornada evolutiva, assimilar, integrar e realizar o modelo ideal de ser humano que irradia do pensamento do TODO. Depois de todo peso e trauma da religião, a gente acredita que isso tenha que ser **De boa** – ou seja, com serenidade, confiança, para que as pessoas sejam filosoficamente autônomas e espiritualmente livres, superando seus traumas, medos, angústias e ansiedades, escolhendo a felicidade e a positividade como um estilo de vida em sua jornada de autoconhecimento e autodesenvolvimento, com consistência ao longo do tempo. E tudo isso **no Fluxo**, ou seja, sincronicamente empoderadas pela consciência do seu propósito, sua razão de viver e objetivos da pauta de sua agenda reencarnatória; elas entram no fluxo das Leis Universais e passam a fluir com o seu ritmo, constância, vibração e direção. Sua força interior é a força do Universo, num "cósmico dinamismo no fazer". Para saber mais sobre o Círculo Escola Filosófica, tire um tempinho para acessar: www.circuloescola.com.

Fase 9:

O TODO EM TUDO:
EU MORO DENTRO DO DEUS QUE MORA DENTRO DE MIM

> "Quem olha para fora sonha, quem olha para dentro desperta."
>
> **Carl Jung**

Este conhecimento aconteceu em mim estudando a filosofia hermética do Antigo Egito. Curiosamente, Moisés, que é uma figura histórica ligada à raiz de três grandes linhas religiosas (judaísmo, islamismo e cristianismo), foi educado por sacerdotes egípcios e, até onde sabemos, por estudos alternativos, iniciado na grande Escola do Olho de Hórus, criada pelo sacerdote Imotepe, chamado pelos gregos de Hermes Trismegistos.

> Do velho Egito saíram os preceitos fundamentais esotéricos e ocultos que tão fortemente têm influenciado as filosofias de todas as raças, nações e povos, por vários milhares de anos. O Egito, a terra das Pirâmides e da Esfinge, foi a pátria da Sabedoria secreta e dos Ensinamentos místicos. Todas as nações receberam dele a Doutrina secreta. A Índia, a Pérsia, a Caldeia, a Média, a China, o Japão, a Assíria, a antiga Grécia e Roma e outros países antigos aproveitaram lautamente dos fatos do conhecimento, que os hierofantes e Mestres da Terra de Isis tão francamente ministravam aos que estavam preparados para participar da grande abundância de preceitos místicos e ocultos, que as mentes superiores deste antigo país tinham continuamente condensado.[41]

A sabedoria egípcia codificada por Hermes Trismegistos vai compreender Deus como O TODO. Muito além da imagem tradicional criada pelo cristianismo, que representa Deus como um senhor de idade com longa barba branca em algum lugar no céu, cercado por anjos crianças nuas, O TODO é um conceito muito mais abrangente e profundo.

> Sob as aparências do universo, do tempo, do espaço e da mobilidade, está sempre encoberta a realidade substancial: a Verdade Fundamental.[42]

---

41. OS TRÊS INICIADOS. *O Caibalion: estudo da filosofia hermética do Antigo Egito e da Grécia*. São Paulo: Pensamento, 2018.

42. Ibid.

Falar daquele que precede esse universo, daquele que criou esse universo, do ser cuja vontade chamou esse universo à existência, é uma pretensão absurda da nossa parte enquanto seres humanos. Somos criaturas finitas tentando falar do infinito. Somos seres finitos, limitados, olhando para um Deus imaginado, tentando compreender uma realidade que é muito maior do que tudo.

A tradição hermética vai trazer esse contexto muito bem, dizendo que por trás de todas as coisas visíveis e invisíveis, por trás de todos os espectros de vibração, por trás de todas as leis, por trás de tudo isso que se movimenta no universo manifesto em seus diferentes níveis de realidade, por trás de tudo isso está O TODO.

O TODO É INFINITO, porque não há quem defina, restrinja e limite O TODO. É Infinito no Tempo, OU ETERNO; existiu sempre, sem cessar; porque nada há que o pudesse criar, e se ele não tivesse existido, não podia existir agora; existirá perpetuamente, porque não há quem o destrua, e ele não pode deixar de existir, porque aquilo que é alguma coisa não pode ficar sendo nada. É infinito no espaço; está em toda parte porque não há lugar fora do TODO; é contínuo no Espaço sem cessação, separação ou interrupção, porque nada há que separe, divida ou interrompa a sua continuidade, e nada há para encher lacunas. É Infinito ou Absoluto em Poder; porque não há nada para limitá-lo, restringi-lo ou acondicioná-lo; não está sujeito a nenhum outro Poder, porque não há outro Poder. O TODO É IMUTÁVEL, ou não está sujeito a ser mudado na sua natureza real, nada há que possa operar mudanças nele, nada há em que possa ser mudado nem nada que tenha sido mudado. Não pode ser aumentado nem diminuído, nem ficar maior ou menor, seja qual for o motivo. Ele sempre foi e sempre será tal como é agora: O TODO; nada houve, nada há e nada haverá em que ele possa ser mudado.[43]

Para além de tudo isso está O TODO: todo o universo que conhecemos, todos os planetas, todas as coisas, todos os acontecimentos históricos, as grandes revoluções, as grandes invenções, as grandes descobertas, as poesias mais lindas, as músicas mais inspiradoras, as histórias mais tristes e as histórias mais felizes: tudo está dentro do pensamento do TODO. Ele é a <u>realidade substancial</u> de todas as coisas. **<u>A Substância</u> é aquilo que se oculta debaixo de todas as manifestações exteriores, a essência, a realidade essencial, a coisa em si mesma etc. A Realidade é o Estado Real, verdadeiro, permanente, duradouro, atual de um ente.**

A verdade absoluta foi definida como sendo AS COISAS COMO A MENTE DE DEUS AS CONHECE, ao passo que a verdade Relativa são AS COISAS COMO A MAIS ELEVADA RAZÃO DO HOMEM AS COMPREENDE. "Somos todos firmemente contidos da MENTE INFINITA DO TODO e nada pode nos prejudicar e nos intimidar".[44]

Pelos ensinos herméticos entendemos que O TODO está iminente (permanece, está inerente, habita) no seu universo, e em cada partícula, unidade ou combinação, dentro do Universo. O TODO está até na minhoca, mas a minhoca está longe de ser o TODO. À medida que o ser humano realize a presença do Espírito que está imanente no seu ser, ele subirá na escada espiritual da

---

43. Ibid.
44. Ibid.

vida. Eis o que significa desenvolvimento espiritual para filosofia hermética: **o reconhecimento, a realização e a manifestação do Espírito dentro de nós.**

Otto Maduro definiu religião como "conjunto de crenças e ritos a respeito de seres superiores com quem se desenvolve relação de obrigações e benefícios". A lógica é simples: quem cumpre as obrigações recebe bênçãos; quem não cumpre as obrigações recebe maldições. A compensação para o não cumprimento das obrigações se dá na forma de sacrifícios. Aqueles que estão escravizados pela lógica da religião vivem atormentados pela culpa e com medo das maldições, e por isso são facilmente manipulados para toda sorte de sacrifícios, onde quem lucra é o sacerdote.

A cruz de Jesus Cristo supera a religião, e estabelece a graça como critério da relação com o divino: Deus nos abençoa não porque merecemos, mas porque nos ama. Descansados no amor de Deus não mais tememos as maldições, pois "o amor lança fora o medo", como disse o apóstolo João. **Quem vive no amor de Cristo não pode ser manipulado pela religião, primeiro porque sabe que Deus não pode ser subornado pelos méritos humanos, mas também, e principalmente, porque sabe que não precisa tentar subornar Aquele que nos ama com amor eterno.** É também nesse sentido que o evangelho de Jesus Cristo é a superação da religião.[45]

---

45. Pr. Ed René Kivitz, em texto publicado em seu perfil no Instagram: https://instagram.com/edrenekivitz.

OS SEM RELIGIÃO

Para mim, a espiritualidade livre e a transcendência são pautas relevantes do nosso tempo. Enquanto entendermos o universo como uma realidade à parte, separado de nós, viveremos num permanente estado de isolamento e polaridade. Os opostos são reconciliados a partir da consciência de que NÓS SOMOS O UNIVERSO. E essa consciência desperta em nós uma realidade ainda maior, que resume e supera todo rito e toda religião: **"eu moro dentro do Deus que mora dentro de mim".** Esse é um saber que não é apenas fruto do conhecimento racionalmente processado e elaborado em nós. Esse é um "saber que vem do sabor que saboreamos"; é preciso provar empiricamente essa realidade, senão o risco de "falarmos" do que não sabemos, como os antigos e icônicos fariseus, será grande! Falaremos da consciência da unidade, mas na prática viveremos a separação.

"Sou uma parte da parte que no início era o todo."

Goethe

Fase 10:

LIVRE PENSADOR ESPIRITUALIZADO

"A verdade é a vida, e a vida se prova pelo movimento. É pelo movimento determinado e efetivo, enfim, pela ação, que a vida se desenvolve e se reveste de novas formas."

Éliphas Lévi

Saulo Gomes, nascido no Rio de Janeiro em 2 de maio de 1928, faleceu em Ribeirão Preto, no dia 23 de outubro de 2019. Saulo foi um escritor e jornalista brasileiro que ocupou a cadeira 28 da Academia Ribeirão-Pretana de Letras. Conhecido como "Magrão" na TV Tupi, Saulo, ao longo de vinte anos, recebeu todos os prêmios de reportagem da TV brasileira. Foi ele quem inovou ao introduzir o uso do helicóptero nas reportagens jornalísticas, em 1967, e em 1968 começou amizade com Chico Xavier, quando, então repórter da TV Tupi, convenceu o médium a romper longo período de silêncio com a imprensa brasileira, ressabiado com a parte dela que o tratava como uma fraude. A partir daí, Saulo teria acesso privilegiado a Chico, além da convivência como amigos, até a morte do espírita, em 2002.

Conheci Saulo Gomes durante a produção do documentário *Data Limite segundo Chico Xavier*, em 2013, e nos tornamos bons amigos até o final de sua vida. Saulo participou de outro documentário que produzi em 2018, *Quando lembro de Chico*. Talvez eu tenha sido a última pessoa a entrevistar e gravar o repórter que a tantos entrevistou.

Foi na sua casa, em Ribeirão, durante as gravações do primeiro documentário, que Saulo me perguntou se eu era espírita, afinal estava produzindo um documentário sobre o médium Chico Xavier, grande personalidade do espiritismo brasileiro.

Eu não quis responder que não, mas naquela altura do campeonato também me deixava muito desconfortável dizer que sim. Percebendo meu desconforto, ele sorriu para mim e disse: "Já entendi, você é como eu, um **livre pensador espiritualizado**". Com a maestria que só um grande comunicador como ele poderia ter, Saulo Gomes escrevia com três palavras o último capítulo da minha jornada com a religião.

Marlene Winell chama essa fase de o senso de si. Começamos a encontrar respostas para a pergunta "*Quem eu sou?*". Nesse momen-

OS SEM RELIGIÃO

to superamos a ovelha que vestia o uniforme da religião e passamos a ser livres pensadores espiritualizados. O senso de si nos leva a descobrir nossa identidade. E aqui mora a importância do autoconhecimento, e por isso ele é uma demanda urgente da sociedade.

Mas ciclo de liberdade não pode terminar no senso de si. Ninguém é sozinho. Somos seres sociais. Vivemos numa comunidade global chamada Terra. A descoberta de quem eu sou precisa orientar o meu melhor para o outro. Não é apenas o que eu preciso. Somente assim começaremos a entender o que é fraternidade. E compreender que ser o meu melhor só faz sentido se eu puder colaborar para que o outro também seja seu melhor. Assim, geramos uma revolução em cadeia: experimentamos liberdade, igualdade e fraternidade a partir de um novo sentido para espiritualidade.

Quando redescobrimos a espiritualidade como parte da natureza humana, entendemos que moramos dentro do Deus que mora dentro de nós; nossa mente se libera para um novo contexto de religião, em que ela passa a ser a pedagogia de construção do relacionamento com o transcendental. Não mais no papel de intermediária, a verdadeira religião interior atua como uma pedagoga, como alguém que me ensina a construir um relacionamento com Deus, um relacionamento que parte da identidade, da autenticidade e da vulnerabilidade.

> **UM NOVO CONTEXTO DE RELIGIÃO, EM QUE ELA PASSA A SER A PEDAGOGIA DE CONSTRUÇÃO DO RELACIONAMENTO COM O TRANSCENDENTAL**

Relacionamento parte da premissa da transparência, do *sine cera*, da fragilidade, do lugar onde mostramos quem somos, vulneráveis, onde mostramos a nossa fraqueza, onde não vestimos máscaras, porque vivemos a certeza do amor, "e o amor lança fora o medo".[46]

Esse tipo de ideia de uma nova forma de espiritualidade que seja uma pedagogia de construção de relacionamento com o transcendental não visa outra coisa senão fazer com que esse relacionamento com o místico, com o Todo, com o transcendental, seja o centro da nossa vida, produzindo o centramento da nossa vida funcional na consciência de quem de fato somos.

---

46. 1 João 4, 18.

ESPIRITUALIDADE: NÃO É SOBRE SER RELIGIOSO, É SOBRE SER HUMANO

"O ocultismo, embora basicamente um processo mental, não é simplesmente um processo mental. É simultaneamente espiritual e material."

Dion Fortune

Estamos vivendo um movimento de espiritualização da humanidade que se realiza para além dos domínios da religião. "O ser humano é multidimensional, e sua espiritualidade nasce na dimensão de sua pessoa profunda espiritual. O uso contemporâneo do termo espiritualidade, sendo separado e distinto de uma religião institucionalizada específica, começou a ser utilizado na década de 1990 e foi construído por meio de conhecimentos sobre o humano e eventos histórico-culturais."[47] A espiritualidade é o ápice do processo de autoconhecimento e a base para construção de uma identidade forte e singular. Você é um ser espiritual! Espiritualidade não é e nunca deveria ter sido propriedade da religião institucional. A espiritualidade faz parte da nossa natureza como seres humanos.

Etimologicamente, espiritualidade é a qualidade e manifestação do Espírito, que do hebraico quer dizer Ruach – sopro de vida, energia em movimento criante para o ser e o fazer humano, é a gênese de Deus atualizando-se permanentemente. Segundo Dittrich (2010), na visão da filosofia vitalista-espiritualista de Bérgson, o sopro da vida é o *elán* vital que se expressa como um fenômeno espiritual que indica a direção da criatividade da vida se expandindo no ser e no fazer humano.

A espiritualidade é a expressão legítima do humano na busca de suprir sua necessidade de vivências, na transcendência do seu ser no mundo, em diversas finalidades. Com efeito, **isto transcende o código de dogmas religiosos institucionalizados.** As vivências espirituais são profundas e

---

47. DITTRICH, Maria Glória; PAHL, Carolina Godinho; MELLER, Vanderléa Ana. Fundamentos sobre o ser humano e a espiritualidade natural na educação. *Revista Humanidades e Inovação*, Palmas, v. 8, n. 43, abr. 2021.

OS SEM RELIGIÃO

complexas e, muitas vezes, tornam-se inexplicáveis diante da racionalidade objetiva da ciência, mas elas existem no humano e pedem explicações.

Observando a etimologia da palavra espiritualidade, destacamos que ela é uma busca humana em direção a um sentido. É através dela que o ser humano desperta uma necessidade de descobrir o sentido de sua vida, de reconhecer o seu ser no mundo, expondo sua necessidade de escolha, buscando real sentido às suas ações (KOVÁCS, 2007).[48]

Quando eu olho para a espiritualidade e para a minha natureza espiritual, a partir de um ponto de vista filosófico, científico... me sinto seguro para me compreender como livre pensador espiritualizado. Não me sinto preso, não me sinto sufocado, não me sinto pressionado por qualquer coisa, pessoa ou instituição. Durante séculos permitimos que "poderes externos" nos dissessem quem somos, o que deveríamos fazer, o que é certo e errado, bom ou mau. Hoje os tempos são outros!

Eu simplesmente busco o conhecimento, trago ele para a prática da minha vida... E me vejo independente. O "poder" já não vem de fora. Emana de dentro de mim, da minha força de espírito.

Entre os pensadores modernos, dois termos têm se destacado para tratar da espiritualidade humana que se manifesta para além dos limites religiosos: espiritualidade secular e espiritualidade natural.

Por espiritualidade secular os pensadores entendem a adesão a uma filosofia espiritual sem adesão a uma religião. A espiritualidade secular enfatiza a paz interior da pessoa, em vez de um re-

---

48. Ibíd.

lacionamento com o divino. A espiritualidade secular é marcada pela busca de sentido fora de uma instituição religiosa; diz respeito ao relacionamento da pessoa consigo mesma, com os outros, com a natureza e com tudo o mais que ela considera ser derradeiro.[49] Frequentemente, o objetivo da espiritualidade secular é viver feliz e/ou ajudar os outros.[50]

A espiritualidade natural é considerada uma manifestação autêntica do ser humano, da força vital e criativa expressa nas relações consigo mesmo, com o outro e com o meio, como unidade integrante da natureza.[51] Para Maria Glória Dittrich, que é doutora em Teologia, mestre em Educação e filósofa, já é possível dizer que contemplar a espiritualidade natural na educação é fundamental para a organização de saberes que transcendem os conhecimentos específicos da área e contribuem com a força vital dos sujeitos no encontro do sentido de vida e do conhecimento. "O ser humano está em constante busca do sentido existencial, da razão de ser, estar e viver em consonância com os contatos e entendimentos que estabelece. **O fenômeno da espiritualidade natural tem influência direta nessa conquista, pois tem relação com a maneira de sentir, pensar, fazer e conviver perante as experiências cotidianas.** A educação é um campo fértil para o fortalecimento da espiritualidade natural, pois envolve saberes e práticas reflexivas em diferentes contextos que podem ser direcionadas à elevação das dimensões biopsicoespiritual do ser humano, em prol de sua transcendência e diálogos nas relações intrapessoais e extrapessoais." Maria Glória

---

49. ELKINS, David N. et al. Toward a Humanistic-Phenomenological Spirituality. *Journal of Humanistic Psychology*, vol. 28, n. 4, 1988.

50. WILKINSON, Tony. *The Lost Art of Being Happy: Spirituality for Sceptics*. Forres: Findhorn Press, 2007.

51. DITTRICH, Maria Glória; PAHL, Carolina Godinho; MELLER, Vanderléa Ana. Fundamentos sobre o ser humano... op. cit.

OS SEM RELIGIÃO

ainda vai dizer que a espiritualidade natural envolve <u>uma diversidade de forças no processo de vivências e busca do bem viver</u>. <u>Essa é uma dimensão de força vital que amplia a visão de mundo e fortalece para o desejo de viver</u>, para a convivência harmônica e com energia construtiva em diferentes ações cotidianas, de convivência, que são muito necessárias nos ambientes educativos.[52]

Acredito que o homem é, ao mesmo tempo, material e espiritual. Na verdade, uso as palavras "espiritual" e "material" apenas porque sempre foram usadas. O homem é psicossomático, não-material "e" espiritual, porque este "e" cria uma dualidade. Não há um "e" entre o material e o espiritual, nem mesmo um hífen. Eu usaria apenas uma palavra e diria que o homem é "materialespiritual". **Espiritual significa o centro de seu ser, enquanto material é a circunferência de seu ser. A circunferência não pode existir sem o centro, assim como o centro não existe sem a circunferência.**[53]

> ESPIRITUAL SIGNIFICA O CENTRO DE SEU SER, ENQUANTO MATERIAL É A CIRCUNFERÊNCIA DE SEU SER. A CIRCUNFERÊNCIA NÃO PODE EXISTIR SEM O CENTRO, ASSIM COMO O CENTRO NÃO EXISTE SEM A CIRCUNFERÊNCIA

---

52. Ibid.

53. OSHO. *Aprendendo a silenciar a mente*. Rio de Janeiro: Sextante, 2004.

A ESPIRITUALIDADE AFETA A FORMA COMO VIVEMOS A VIDA, EM TODAS AS SUAS DIMENSÕES

Eu particularmente penso também que precisamos repensar a espiritualidade para além dos domínios religiosos, principalmente nas nossas empresas e corporações. E entendo que o desafio que enfrentamos de saúde mental no mundo de hoje será insuperável se tentarmos pensá-lo eliminando a dimensão espiritual. Nos últimos anos, tem sido difícil ignorar alguns sinais de que a forma como trabalhamos e nos relacionamos no mundo corporativo precisa se transformar:

- Em 2021, nos Estados Unidos, mais de 47 milhões de pessoas pediram demissão, de acordo com o Bureau of Labor Statistics. O movimento é chamado "The Great Resignation" (que pode ser traduzido como A Grande Renúncia);
- No Brasil, dos quase dois milhões de desligamentos registrados em março de 2022, 603.136 foram a pedido do trabalhador (33,2% do total), segundo dados do Cadastro Geral de Empregados e Desempregados (Caged). É o maior número de demissões voluntárias em um único mês desde janeiro de 2020, início da série histórica do Caged;
- O Brasil é o país mais ansioso do mundo (41% da população) e também o quinto mais depressivo (com 5,8%), conforme levantamento feito em 2019 pela Organização Mundial da Saúde (OMS);
- No primeiro ano da pandemia de covid-19, a ansiedade e a depressão aumentaram 25%, também de acordo com a OMS.

OS SEM RELIGIÃO

Vivemos em meio a uma crise de saúde mental muito maior do que foi a pandemia de 2019. A espiritualidade e a sensopercepção de outras dimensões da realidade precisam ser compreendidas além do contexto religioso, como uma dimensão orgânica, psíquica e natural do ser humano para equalizar o equilíbrio mental que o planeta todo procura.

Eu vejo a espiritualidade como o ápice do processo de autoconhecimento. Estamos vendo uma eclosão no mercado de autoconhecimento e bem-estar em todo o mundo. As pessoas estão se voltando para dentro, aprendendo a lidar com as emoções, os medos, buscando entender seus porquês, onde brilham e onde precisam de ajuda. Essa noção de autogestão, autocontrole e inteligência emocional nos leva para a ideia de identidade, e vamos integrando nossa história em vez de abafá-la e deixá-la lá atrás. Os processos de autoconhecimento estão afetando as tomadas de decisão.

A noção de quem somos começa a nos mover para um lugar de pertencimento que nos coloca num estado de flow, onde produzimos com alta performance realizações que são estrategicamente competitivas, produtivas, mas que, como resultado último, não têm apenas o lucro financeiro, mas a felicidade de todos os envolvidos no processo.

Não que o lucro não faça parte do processo de construção da felicidade; o lucro faz, sim, é a energia, o resultado, a validação da relevância daquilo que você tem a oferecer ao mercado. **Porque sou relevante, porque eu sei quem eu sou, ocupo o meu lugar e produzo com alta performance no flow, isso é validado socialmente nas relações de troca, e, uma vez validado, eu tenho lucro.** O lucro me permite reinvestir e gerar novos movimentos.

O conceito de ser humano é compreendido como um ser multidimensional, ou seja, um ser que é constituído por múltiplas dimensões e que existencialmente vive sua maneira de ser como expressão de sua espiritualidade natural. O entendimento do ser e viver humano e o emprego de sentido à vida ocorre de acordo com o grau de envolvimento da dimensão bio-psico-espiritual e a complexidade de sua organização. O ser humano é um ser que tem uma ambiguidade, ele é multidimensional e uno ao mesmo tempo. Uno porque em si tem uma centralidade de profundidade vital que é espiritual, a qual tem a função de autointegrar todos os elementos que compõem os sistemas orgânicos e psíquicos do corpo.[54]

Curiosamente, a Organização Mundial da Saúde, em seus códigos internacionais de catalogação de doenças, o CID (Classificação Estatística Internacional de Doenças e Problemas Relacionados com a Saúde), menciona, no CID 10, item F44.3, "os estados de transe e possessão" como um fenômeno a ser compreendido e investigado, sugerindo que o ser humano pode ser afetado por dimensões outras que não são compreendidas ainda pela ciência em suas causas, mas que já chamam a atenção por seus efeitos.

F44.3 – Estados de transe e de possessão: Transtornos caracterizados por uma perda transitória da consciência de sua própria identidade, associada a uma conservação perfeita da consciência do meio ambiente. **Devem aqui ser incluídos somente os estados de transe involuntários e não desejados,**

---

54. DITTRICH, Maria Glória; PAHL, Carolina Godinho; MELLER, Vanderléa Ana. Fundamentos sobre o ser humano... op. cit.

OS SEM RELIGIÃO

excluídos aqueles de situações admitidas no contexto cultural ou religioso do sujeito.

Exclui:

- Esquizofrenia (F20.-);
- Intoxicação por uma substância psicoativa (F10-F19 com quarto caractere comum .0);
- Síndrome pós-traumática (F07.2);
- Transtorno(s):
  - » Orgânico da personalidade (F07.0);
  - » Psicóticos agudos e transitórios (F23.-).[55]

Não é curioso que uma publicação oficial da Organização Mundial da Saúde, com o objetivo de classificar os mais variados transtornos e doenças, apresente em sua relação os <u>estados de transe e possessão</u> como condição passível de tratamento médico, quando involuntários e alheios ao contexto cultural ou religioso do paciente? Do mesmo modo, o *Tratado de Psiquiatria* de Kaplan e Sadock, da Universidade de Nova York, no capítulo sobre Teorias da Personalidade, faz menção ao assunto. Carl Gustav Jung, em sua primeira obra, analisa o caso de uma moça "possuída por um espírito", no estudo que fez dos fenômenos ocultos. Aliás, esse termo – possessão por espíritos – também é usado pela Associação Americana de Psiquiatria, no *DSM4 – Casos Clínicos*. Essas evidências e compreensões poderiam estar sugerindo que o ser huma-

---

55. ORGANIZAÇÃO MUNDIAL DA SAÚDE (OMS). CID-10 – Classificação Estatística Internacional de Doenças e Problemas relacionados à Saúde. Volume 1. Item F44.3. São Paulo: Centro Colaborador da OMS para Classificação de Doenças em Português – Universidade de São Paulo.

no pode ser afetado por dimensões e seres espirituais que não são compreendidas ainda pela ciência?

Parece que os cientistas apenas começam a tatear a realidade maior da consciência humana, e diversos relatos (cada vez mais volumosos) mostram a realidade e a atividade da consciência mesmo estando o cérebro aparentemente "inativo" (experiências de quase morte, por exemplo – dê um Google nisso!). O fato é que o paradigma da consciência como resultado da operação do cérebro físico parece ser a inversão de uma realidade muito maior e transcendente: seria o cérebro físico uma expressão física e local de uma mente/consciência não física e não local? Se a consciência e a identidade de uma pessoa não estão necessariamente presas ao seu corpo físico, se diversos indivíduos relatam conservar a consciência do ambiente ao seu redor durante procedimentos cirúrgicos em que o seu cérebro estaria completamente apagado, se diversos pacientes relatam experimentar um estado de superconsciência durante experiências nas quais passaram por uma temporária morte física, então seria demais supor que a dimensão espiritual seja a nossa dimensão real e originária?

A Organização Mundial da Saúde, no seu protocolo de qualidade de vida, e desde a Carta de Otawa na década de 1980, sugere que precisamos promover a saúde, em vez de apenas combater as doenças. Saúde como recurso para a vida, e não como seu objetivo. Para isso, ela compreende o ser humano como um complexo de dimensões integradas que precisam estar harmoniosamente em equilíbrio. Parece que os caras da OMS já perceberam que não tem como você ter saúde, qualidade de vida, bem-estar, se você não tiver integração de sistemas. Ora, a vida humana é naturalmente um conjunto de sistemas integrados. Ela é naturalmente multidimensional, e a OMS já entende isso. A qualidade de vida precisa compreender uma atenção a todos estes aspectos e dimensões: **a dimensão biológica, psicológica, social, ambiental, funcional e espiritual.**

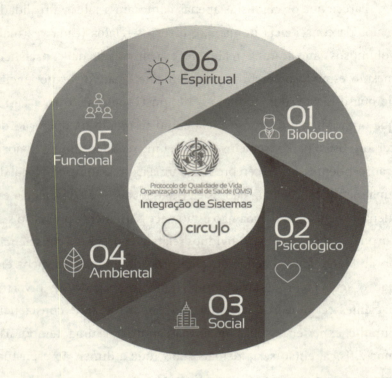

Espiritualidade aqui não tem a ver com religião, espiritualidade tem a ver com identidade. Não tem a ver com dogmas, mas com sua natureza. O mesmo ser humano que trabalha e estuda é mãe, pai, filho, amigo etc. A espiritualidade permeia todos esses aspectos.

> ESPIRITUALIDADE AQUI NÃO TEM A VER COM RELIGIÃO, ESPIRITUALIDADE TEM A VER COM IDENTIDADE. NÃO TEM A VER COM DOGMAS, MAS COM SUA NATUREZA

Para Morin (2011) o ser humano é a um só tempo físico, biológico, psíquico, cultural, social, histórico, sendo que é preciso restaurar sua natureza complexa que foi dividida nos modelos disciplinares implantados na educação a fim de que todos tomem conhecimento e consciência da identidade complexa e comum a todos os humanos. Entendemos que tais dimensões, mesmo sendo diferentes entre si, estão articuladas desde a estrutura e organização de todos os sistemas que constituem o corpo-criante (DITTRICH, 2010) do ser humano, nos seus processos de vida e de conhecimento constituídos nas relações cotidianas. Neste contexto, é preciso considerar que está presente e conectada **a manifestação dimensional de sentido de ser – a espiritualidade natural,** com seus processos vitais e de conhecimento que são profundos e não se separam, pois geram na consciência humana significantes e significados sobre as vivências existenciais. Para Viktor Frankl (2003), a dimensão espiritual é uma dimensão profunda da pessoa humana, mas não é somente isso, ela é responsável por definir e distinguir o ser humano dos demais seres vivos. Ou seja, a espiritualidade é a característica mais específica do ser humano, tendo em vista que é nela que se encontra a força criativa para as descobertas das razões de ser no mundo, sendo responsável por **constituir-se como o eixo central articulador das demais dimensões humanas – a biológica, a psicológica, a social, a cultural e ambiental.**[56]

A própria ciência cartesiana percebeu que a prática de algum tipo de espiritualidade tem efeitos objetivos na vida e desejáveis ao coletivo humano. Pesquisas com meditação, por exemplo, trazem

---

56. DITTRICH, Maria Glória; PAHL, Carolina Godinho; MELLER, Vanderléa Ana. Fundamentos sobre o ser humano... op. cit.

efeitos mensuráveis. Estudos sobre gratidão, altruísmo e generosidade, antes considerados assuntos pouco palpáveis para a ciência, são objeto de pesquisa de universidades de renome mundial e seus cientistas. Na saúde, temos toneladas de *papers* sobre o resultado positivo de terapias complementares e holísticas.

Eu entendo que a dimensão espiritual é o eixo, o epicentro a partir do qual a identidade se consolida. A partir disso, o senso de pertencimento organiza todas essas dimensões apontadas pela OMS.

RELIGIÃO: UM PRODUTO CRIADO *ON DEMAND*

Pode parecer paradoxal e contraditório, mas, na prática, espiritualidade e religião são coisas bem diferentes.

Espiritualidade é um caminho pessoal, trilhado a partir da singularidade de cada ser, para desenvolvimento daquele estado de sintonia, conexão e comunicação inteligível e/ou inefável com o Todo (Deus) e seus colaboradores. Religião é uma ferramenta política de controle e manipulação das massas, em que um credo instituído pretende regular, padronizar e controlar a forma como as pessoas vivem e praticam espiritualidade, definindo o que é verdade e o que não é.

Na condição de ferramenta política de controle sobre as massas, a religião defende a si mesma contra qualquer coisa que possa invalidar os caminhos por ela instituídos como absolutos, criando dogmas inquestionáveis. Essas "verdades institucionais" criam um circuito fechado para os seus membros na busca do conhecimento, no qual nada pode sair do roteiro definido pelo colegiado de sacerdotes, supostamente detentores da autoridade espiritual sobre o mundo visível. De maneira geral, os dogmas oferecem uma segurança ilusória e limitada para os membros da religião, e depõem contra a racionalidade e o pensamento humano. Daí a origem de uma série de paranoias religiosas que ofuscam nossa verdadeira natureza espiritual.

O PARADIGMA CULTO-CLERO-DIA-TEMPLO

É um modelo padrão dentro do contexto religioso que institui o procedimento necessário para se relacionar com o divino e obter dele algum favorecimento para sua vida pessoal. A maioria de nós (que somos de tradição cristã) vai identificar nisso as linhas do judaísmo, cristianismo e, sobretudo, do catolicismo, mas também dá para perceber esse mesmo padrão em linhas espiritualistas orientais. Nesse paradigma, para que você possa viver a espiritualidade, é preciso um culto, ou seja, uma fórmula, com uma pessoa de um clero guiando – um líder –, num dia específico para se falar com Deus, em um local determinado, geralmente chamado templo.

No paradigma culto-clero-dia-templo:

Culto: é preciso ter uma cerimônia, um ritual com um roteiro pré-estabelecido para entrar em contato com o divino, com começo, meio, fim, gestos e procedimentos. Um cerimonial tipo receita de bolo, a ser seguido à risca;

Clero: é necessário que alguém seja instituído pelo poder divino para estabelecer com ele a ligação "da terra para o céu". São os famosos pontífices, mediadores, sacerdotes do divino para o povo;

Dia: é necessário um dia específico em que o divino estará à disposição para ser cultuado. Para os judeus, o sábado; católicos, domingo; e por aí vai…

Templo: o lugar onde é necessário estar fisicamente para que Deus nos ouça. O lugar onde "Deus habita"…

OS SEM RELIGIÃO

POR QUE O PARADIGMA CULTO-CLERO-DIA-TEMPLO NOS CAPTUROU POR TANTO TEMPO?

Para a gente entender o efeito dominador que o roteiro religioso exerceu (e em muitos casos ainda exerce) sobre nós, precisamos mergulhar mais fundo na natureza psíquica do ser humano, e para isso vou recorrer ao pensamento do psiquiatra e psicoterapeuta suíço Carl Gustav Jung, fundador da psicologia analítica.

Jung ficou amplamente conhecido por seus conceitos de inconsciente coletivo e arquétipos:

> O homem "possui" muitas coisas que ele não adquiriu, mas herdou dos antepassados. Não nasceu "tábula rasa", apenas nasceu inconsciente. Traz consigo sistemas organizados e que estão prontos a funcionar numa forma especificamente humana; e isso se deve a milhões de anos de desenvolvimento humano. Da mesma forma como os pássaros de migração e construção do ninho nunca foram aprendidos ou adquiridos individualmente, também o homem **traz do berço o plano básico de sua natureza,** não apenas de sua natureza individual, mas de sua natureza coletiva. **Esses sistemas herdados correspondem às situações humanas que existiram desde os primórdios: juventude e velhice, nascimento e morte, filhos e filhas, pais e mães, uniões etc.** Apenas a consciência individual experimenta essas coisas pela primeira vez, mas não o sistema corporal e o inconsciente. Para estes só interessa o funcionamento habitual dos instintos que já foram pré-formados de longa data.[57]

---

57. JUNG, C. G. *Obra completa – Vol. 4: Freud e a psicanálise*. Petrópolis: Vozes, 2013. § 728.

A mente humana tem estruturas universais, tal como o corpo humano, e elas podem ser descobertas por um método interpretativo e comparativo. Assim como o corpo humano contém sangue, um coração, pulmões e uma estrutura básica de funcionamento biológico (todo ser humano respira oxigênio, tem um cérebro, sangue circulando nas veias), Jung defende que existem sistemas de funcionamento psíquicos que foram herdados, como uma espécie de sistema operacional básico da consciência humana. A jovem que dá à luz seu primeiro filho sente movimentos psíquicos de cuidado, carinho, proteção, amor, zelo e nutrição pelo bebê que segura em seus braços. Ela nunca foi mãe na presente história, mas incontáveis mães existiram antes dela. A soma de todas as experiências de maternidade que aconteceram antes dela parecem de alguma forma estar acessíveis a ela no momento em que na presente vida ela se vê no papel de mãe. Jung vai concluir que a maternidade, por exemplo, é uma experiência arquetípica.

Pra entender um pouco o conceito de arquétipo, gosto de construir o pensamento a partir dos filósofos pré-socráticos e de Platão.

Ar.qué.ti.po vem do grego archétypon, que quer dizer modelo, tipo original. Os filósofos que vieram antes de Sócrates, na Grécia, diante da impermanência da vida, começaram a questionar se existiria algo, uma parte de nós e da realidade que nos cerca, que seria superior e subsistiria diante da transitoriedade da vida. Tudo na natureza ao redor parecia ser constante movimento de ascensão e declínio. A semente promissora vira muda, a muda cresce e se torna árvore, a árvore dá frutos, os frutos passam, as folhas caem, a árvore morre. Nada permanece como é. Tudo está em movimento.

Filósofos como Tales de Mileto, Parmênides e Heráclito procuram em suas teorias a *arché*, o modelo absoluto que daria forma a todas as formas transitórias. Em Platão, as ideias são como pro-

OS SEM RELIGIÃO

tótipos ou modelos ideais das coisas, que existem numa dimensão abstrata (mental? espiritual?) que ele chamou de "Mundo das Ideias". Em Kant surge o entendimento divino como modelo eterno das criaturas e como causa da realidade de todas as representações humanas do divino, como Joseph Campbell, que vai entender que, em sua forma-vida, o indivíduo é necessariamente mera fração e distorção da imagem total do homem.[58]

A teoria psicanalítica de Jung, valorizando a teoria estoica da alma universal, considerada como lugar de origem das almas individuais, define os arquétipos como imagens ancestrais e simbólicas, desempenhando uma dupla função: a) exprimem-se por meio dos mitos e lendas que pertencem ao fundo comum da humanidade; b) constituem, em cada indivíduo, ao lado de seu inconsciente pessoal, o inconsciente coletivo que se manifesta nos sonhos, nos delírios e em algumas manifestações artísticas. Campbell vai dizer que não seria demais considerar o mito a abertura secreta através da qual as inexauríveis energias do cosmos penetram nas manifestações culturais humanas.[59]

Quando Jung começou a ter contato com as fantasias e delírios de seus pacientes, notou que de alguma forma eles traziam conteúdos mitológicos comuns, muitas vezes sem nunca a pessoa ter tido contato com mitos. As narrativas eram semelhantes, pontos-chave também... E foi aí que ele começou a pensar sobre os arquétipos como uma fonte primária de energia e, simultaneamente, uma padronização psíquica.

Os paralelos que Jung descobriu entre as imagens e mitos de indivíduos e grupos em períodos e locais históricos sem qualquer relação entre si levaram-no a intensificar sua busca por uma explicação.

---

58. CAMPBELL, Joseph. *O herói de mil faces*. São Paulo: Pensamento, 2007, p. 368.

59. Ibid., p. 15.

Existe um ponto comum de origem para imagens psicóticas e produções de fantasias pessoais, por um lado, e imagens e pensamentos míticos e religiosos coletivos, por outro? Ele estava explorando características comuns no pensamento e na imaginação humanos.

O arquétipo é inapreensível pelo conhecimento humano. Podemos apenas vislumbrar partes de sua potencialidade psíquica originaria através das imagens arquetípicas. Podemos definir, sempre de forma muito restrita, o arquétipo como um padrão potencial inato de imaginação, pensamento ou comportamento que pode ser encontrado entre seres humanos em todos os tempos e lugares.

Os arquétipos, quando aparecem, têm um caráter distintamente numinoso, o qual só pode ser descrito como "espiritual", se acharem que "mágico" é uma palavra forte demais. Consequentemente esse fenômeno é de suma importância para a psicologia da religião. O seu efeito, porém, não é claro. Pode ser curativo ou destrutivo, mas jamais indiferente, pressupondo-se, naturalmente, um certo grau de clareza. [...] acontece, não raras vezes, que o arquétipo aparece sob a forma de espírito nos sonhos ou produtos de fantasia, ou comporta-se inclusive como um fantasma. Há uma certa aura mística em torno de sua numinosidade, e esta exerce um efeito correspondente sobre as emoções. Ele mobiliza concepções religiosas e filosóficas justamente em pessoas que se consideram muito acima de semelhantes acessos de fraqueza.[60]

Esses sistemas psíquicos e mitológicos comuns a todos os seres humanos fazem sentido para nós. São padrões de imaginação, pen-

---

60. JUNG, C. G. *Obra completa – Vol. 8/2: A natureza da psique*. Petrópolis: Vozes, 2013. § 405.

samento e comportamento que se manifestam em todos os seres de todos os tempos como se cada ser humano pudesse, sem saber exatamente como, acessar conteúdos que fazem todos nós sermos… humanos! Isso está diretamente ligado à jornada histórica da humanidade como um só coletivo, mas também poderia corresponder com o Campo de Ressonância Mórfica da teoria de Rupert Sheldrake.

Poucas pessoas torceriam o nariz para uma cena em que estamos todos reunidos em uma floresta ao redor da fogueira, ouvindo histórias. A roda ao redor do fogo e a contação de histórias, bem como o sentimento e os pensamentos que tal cena despertam em nós, são exemplos arquetípicos.

As histórias ajudaram a nos tornar quem somos […]. Dados de pesquisas arqueológicas e estudos antropológicos levam a crer que a mente humana evoluiu em paralelo com a narração de histórias.

Há cerca de um milhão de anos, os hominídeos, nossos ancestrais, começaram a controlar o uso do fogo, e, ao que parece, isso exerceu impacto enorme na evolução deles. O controle lhes proporcionou aquecimento e defesa contra predadores, além de lhes permitir cozinhar alimentos, o que gerou consequências importantes para o crescimento do cérebro. No entanto, aconteceu também outra coisa.

O fogo criou um novo estímulo aos vínculos sociais. O calor e a luz uniam as pessoas ao cair da noite. Isso parece ter ocorrido em todas as culturas antigas de caçadores e coletores ao longo dos últimos trezentos mil anos.

E o que eles faziam durante o tempo que passavam juntos? Aparentemente, uma forma de interação social passou a predominar em muitas culturas: a narração de histórias.[61]

Porque ouvir histórias juntos está tão intrinsecamente ligado ao que nos faz humanos e ao que nos leva a compartilhar esse planeta é que gostamos tanto de estar juntos, em comunidade, aprendendo com a sabedoria daquele que veio antes de nós e conhecia o caminho para criação do fogo que nos reunia como um só ser vivente.

O **procedimento encadeado** para acender a fogueira, como um ritual a ser seguido, era algo que nos tornava calmos e tranquilos, confiantes de que o cair da noite não nos traria perigos que não fôssemos capazes de superar juntos. A **sabedoria dos preceptores** mais antigos (anciãos) também nos tranquilizava diante das incertezas da jornada. **Os ciclos da natureza,** do dia e da noite, da semana, das estações do ano, tão bem compreendidos pelos mais antigos do coletivo, orientavam o **movimento** das tribos em sua jornada de sobrevivência, até que o assentamento fosse possível.

O procedimento encadeado, os preceptores, os ciclos da natureza e o movimento do coletivo são imagens arquetípicas que fazem sentido para todos os seres humanos do planeta. A religião institucionalizada dá contornos institucionais a esses arquétipos ao criar o **culto, o clero, o dia e o templo.**

Procedimento encadeado	Culto
Preceptores	Clero
Ciclos da natureza	Dia
Movimento do coletivo	Tempo

---

61. ANDERSON, Chris. *TED Talks: o guia oficial do TED para falar em público*. Rio de Janeiro: Intrínseca, 2016, p. 68.

OS SEM RELIGIÃO

Nós muitas vezes sentimos paz quando frequentamos um culto, uma missa; confiantes quando ouvimos o conselho de um pastor que manifesta sabedoria; sentimos falta quando não criamos um ciclo semanal de refazimento das nossas energias psíquicas, e curtimos, por que não dizer, nos sentir parte de algo maior diante de um templo que nos proporcione tais imagens mentais e facilite a disposição à sintonia e à conexão que acontecem em nós. Muitos de nós fomos fiéis a uma religião específica por muito tempo e sentimos algum constrangimento ao visitar o templo de outra religião e nos sentir estranhamente confortáveis naquele ambiente. Isso aconteceu porque é simplesmente humano confiar em procedimentos encadeados, ter preceptores, buscar harmonia com os ciclos da natureza em movimentos coletivos.

E justamente porque somos humanos e nossa experiência como tal é afetada por arquétipos é que ainda somos muito influenciados pelo paradigma culto-clero-dia-templo. Cada uma dessas coisas teve sua importância histórica na evolução do pensamento humano, pois nos trouxeram até aqui. E **a partir de agora, temos mais liberdade de compreensão**, mais conhecimento à nossa disposição, para que não sejamos dependentes dessas coisas, e, sim, que a partir disso saibamos extrair a essência do conhecimento que esses antigos paradigmas contêm, e voar livremente, sem necessariamente estar em uma gaiola institucional e religiosa.

É possível criar, por exemplo, o seu próprio culto, a partir da singularidade do seu ser. Quem dá a forma a ele é você, sem a necessidade de um intermediador institucional. Cai a necessidade de um padre com quem você vai confessar os seus pecados, como se ele fosse a voz de Deus. Não é preciso um intermediador. Todos nós somos seres multidimensionais capazes de nos comunicar com o divino, com o Todo.

Da mesma forma que não é necessário escolher apenas um dia específico para isso. Claro que as questões do dia estão relacionadas aos ciclos de tempo da natureza, muito necessários para estabelecer um programa continuado e evolutivo. Definir esses ciclos é importante e está diretamente relacionado à pineal, nossa glândula cronobiológica que rege à sensopercepção multidimensional.

E sobre o templo, fica uma reflexão: **você realmente acha que é necessário ir a algum lugar específico para falar com Deus?** Claro que há lugares que podem potencializar esse contato, mas isso não é restritivo. Não é devido a algum tipo de consagração religiosa do local, mas sim pelo tipo de energia que é colhida em cada tipo de lugar, e que se põe à disposição para você desenvolver a vida de oração. **Por que preciso estar vinculado a um templo se eu moro dentro do Deus que mora dentro de mim?**

"Quando estamos em condições de olhar do alto... o aparente caos se converte em progresso ordenado."

Leadbeater

DO DOGMA À GNOSE

No começo do livro, comentei sobre meu amigo Robin Foy, da Spiritual Science Foundation, que foi um grande pesquisador inglês da vida após a morte e de fenômenos ligados ao contato com consciências de personalidades após a passagem pela morte. Ele costumava começar os seus seminários dizendo: "Depois de todos esses anos de pesquisa e experimentação, posso afirmar categoricamente para todos vocês que eu não acredito em vida após a morte. EU O SEI". Robin foi uma personalidade marcante para mim. Seu pensamento representa a moderna gnose dos antigos cristãos renascendo em meio aos novos tempos.

Aqueles que dizem não saber nada sobre a realidade suprema são chamados agnósticos (literalmente, "sem conhecimento"), e o indivíduo que afirma conhecê-la é gnóstico ("conhecedor"). Mas gnosis não é, em princípio, conhecimento racional. A língua grega distingue conhecimento científico ou conhecimento reflexivo ("Ele conhece matemática") e o conhecimento por meio da observação ou experiência ("Ele me conhece"), que significa gnosis. Como os gnósticos utilizam o termo, poderíamos traduzi-lo como "sabedoria", pois gnosis envolve o processo intuitivo do conhecimento de si mesmo. [...] Segundo o professor gnóstico Teodato, que escreveu na Ásia menor (140-160 d.C.), o gnóstico é aquele que chega a compreender.[62] O Evangelho da Verdade expressa o mesmo pensamento:

[...] Se alguém possui conhecimento, ele recebe o que lhe pertence e o atrai para si mesmo [...]. Aquele que receber o co-

---

62. PAGELS, Elaine. *Os Evangelhos Gnósticos...* op. cit.

OS SEM RELIGIÃO

nhecimento dessa forma <u>sabe de onde vem e para onde está indo.</u> (Evangelho da Verdade 21.11-22.15, em NHL 40.)[63]

[...] Ora, o Reino está, ao mesmo tempo, fora e dentro de vocês. Quando obtiverem o autoconhecimento, então serão conhecidos, e perceberão que são os filhos do Pai vivo. Mas, caso não conheçam a si mesmos, farão da pobreza sua morada, e serão essa pobreza. (Evangelho de Tomé 32.19-33.5, em NHL 118.)

Eu acredito que o Conhecimento é uma experiência íntima, pessoal e transcendental com a Verdade, vivida a partir de todos os conteúdos com os quais entramos em contato. O conhecimento acontece dentro de cada um de nós, a partir do seu ponto de vista experiencial e da sua configuração de consciência

O conhecimento é acessado a partir de uma predisposição à sua busca interior. Por exemplo, você está lendo este livro porque se interessou pela proposta de seu título. Tudo o que estou apresentando nestas linhas são dados, informações e conteúdos que processei. Não consigo transmitir ou lhe ensinar o conhecimento. Ninguém pode. Tudo o que posso fazer, parafraseando Sócrates, é provocar o seu pensamento com os dados, informações e conteúdos que estou apresentando. Essa provocação vai desencadear um processo de pensamentos, e é aí, "dentro de você" ou "em você", que o conhecimento vai acontecer.[64]

A economia do conhecimento requer algo diferente. Cada vez mais, o conhecimento especializado, tradicionalmente domi-

---

63. Ibid.

64. Eu aprofundo essas ideias no livro *Exoconsciência*, também publicado pela Editora Citadel.

nado por seres humanos, vem sendo assumido por computadores. O petróleo não é mais localizado por geólogos, mas por softwares que analisam uma vasta quantidade de dados geológicos em busca de padrões recorrentes.

Praticamente todas as profissões foram afetadas. Eu assisti a uma demonstração do sistema cognitivo IBM Watson. Seu objetivo era diagnosticar um paciente que apresentava seis sintomas específicos. Enquanto médicos coçavam a cabeça e pediam uma série de exames para obter mais dados, o Watson, em poucos segundos, leu quatro mil trabalhos de pesquisa recentes e relevantes, aplicou algoritmos de probabilidade a cada sintoma e concluiu, com 80% de certeza, que o paciente sofria de uma enfermidade rara da qual apenas um dos médicos tinha ouvido falar.

[...] Num mundo em que as máquinas rapidamente se tornam superinteligentes em qualquer tarefa especializada a que as submetemos, para que servem os seres humanos?

Para que servem os seres humanos? Os seres humanos servem para ser mais humanos do que jamais fomos. Mais humanos na forma como trabalhamos. Mais humanos naquilo que aprendemos. E mais humanos no modo como dividimos esse saber uns com os outros.[65]

Mais e mais o conhecimento vai nos levar para um caminho de construção da nossa identidade como seres humanos únicos e singulares. Todos os robôs movidos pela Inteligência Artificial serão capazes de realizar diagnósticos e procedimentos cirúrgicos com precisão, mas só a Dra. Márcia pode sorrir de um jeito que me lembre o aconchego

---

65. ANDERSON, Chris. Ted Talks... op. cit., p. 210-211.

OS SEM RELIGIÃO

da minha avó, que ativa em mim a segurança que os meus antepassados sentiam na floresta, em roda ao redor do fogo, ouvindo um ancião.

Ser humano é ser singular e parte de um coletivo que se move como um só ser vivente e consciente.

Como fiéis, construímos uma religião cristã como uma organização exterior; mas como seres humanos, precisamos da espiritualidade cristã como uma organização interior. Como fiéis, historicamente vulgarizamos a transcendência a um único credo uniforme e simples, nos submetemos à autoridade política do clero validada por escrituras sagradas previamente selecionadas e estrategicamente homologadas; mas como seres humanos, queremos uma experiência pessoal com a Verdade, recheada de autonomia, liberdade e autorresponsabilidade para usar nossa criatividade mística de forma útil para os nossos semelhantes.

Enquanto a religião institucional nos oferece uma doutrina dogmática simples e multiplicável que visa a adesão massiva e em quantidade, como um produto de prateleira, nós, seres humanos, queremos trilhar um caminho iniciático que nos proporcione uma experiência de qualidade para construção de uma nova configuração de consciência. Enquanto a religião valoriza o martírio, a luta e a guerra como testemunhos autênticos da verdade, nós, seres humanos, valorizamos a vida como fruto da integração da nossa mente com a sabedoria da Consciência Crística, uma força espiritual e arquetípica que moveu Jesus e move a todos nós que hoje estamos preparados para o seu movimento.

Enquanto a religião define os seus fiéis pelo batismo, profissão de fé e obediência à hierarquia, nós, seres humanos gnósticos, queremos viver uma jornada de autoconhecimento, integração mística e qualidade nos nossos relacionamentos.

ORGANIZAÇÃO RELIGIOSA X EXPERIÊNCIA MÍSTICA

ORTODOXOS	GNÓSTICOS
Religião cristã como uma <u>organização exterior</u>	Espiritualidade cristã como uma <u>organização interior</u>
Credo uniforme Autoridade do clero Escrituras selecionadas e homologadas	Experiência pessoal com a Verdade Autonomia, liberdade e autorresponsabilidade Criatividade mística e utilidade pedagógica
Doutrina dogmática simples e multiplicável (quantidade)	<u>Caminho iniciático para poucos (qualidade)</u>
Martírio como testemunho de Cristo	<u>Valorização da vida como resultado da consciência crística</u>
Cristão é definido pelo batismo, profissão de fé e obediência à hierarquia	Cristão é definido pela jornada de autoconhecimento, integração mística e qualidade dos relacionamentos

O caminho que nos move do pensamento religioso e dogmático ao livre pensamento espiritualizado é um caminho gnóstico e iniciático. Os cristãos primitivos viveram na pele as dores e os sabores que esse caminho lhes proporciona, em paralelo ao desenvolvimento da igreja institucional.

Outro texto extraordinário, intitulado Alógeno, que significa "o estranho" (literalmente, "alguém de outra raça"), referindo-se a uma pessoa espiritualmente madura que se torna um ser "estranho" ao mundo, também descreve as etapas para atingir a gnosis. Aqui, Messos, o iniciante, na primeira etapa, aprende

OS SEM RELIGIÃO

"o poder que está dentro dele". Alógeno lhe explica seu próprio processo de desenvolvimento espiritual: "[...] [Eu estava] muito perturbado e recolhi-me a minha introspecção. [...] [Ao] ver a luz que me [rodeava] e a bondade que havia em mim, tornei-me divino". *(Alógeno 52.8-12, em NHL 446.)[66]

A perturbação que nos leva a olhar para dentro é um convite ao nosso mundo interior. Descobrir a luz, a bondade, o amor, o potencial latente em nós é uma experiência que descortina a presença do Deus que mora dentro de mim.

Diz Alógeno, ele teve uma experiência fora do corpo e viu "poderes sagrados" que lhe deram uma instrução específica: [...] "O Alógeno, contempla a bênção [...] em silêncio, pela qual você conhece a si mesmo e, buscando a si mesmo, ascenda à Vitalidade que verá movendo. E se for impossível permanecer, não tema; mas se quiser permanecer, ascenda à Existência e a encontrará parada e em repouso [...]. E quando receber a revelação [...] e se o lugar o amedrontar, retorne, por causa das energias. E quando se tornar perfeito naquele lugar, tranquilize-se". *(Ibid., 59.9-37, em NHL 449).[67]

O caminho para o livre pensamento espiritualizado sacode todas as nossas estruturas, e processamos diversas crises até acomodar em nós uma nova compreensão da realidade. Quando isso acontece, o resultado é a paz e serenidade de um espírito que sabe que tudo está em seu devido lugar.

---

66. PAGELS, Elaine. *Os Evangelhos Gnósticos...* op. cit.

67. Ibid.

Agora eu estava ouvindo essas coisas pronunciadas por aqueles seres. Havia uma calma silenciosa em mim e eu senti a bem-aventurança de modo que conheci [meu] próprio eu. (Ibid., 60.13-18, em NHL 449.) Ao contrário de muitas outras fontes gnósticas, Alógeno ensina que, primeiro, uma pessoa deve conhecer "a bondade que existe em si" e, depois, conhecer-se a si mesma e "àquele que existe dentro de si", mas não se pode obter o conhecimento do Deus Incognoscível.[68]

Muitas pessoas vivem, então, alienadas – ou, em termos contemporâneos, inconscientes. Desconhecendo suas próprias individualidades, elas não têm raízes. O Evangelho da Verdade descreve essa existência como um pesadelo. [...] Quem permanece ignorante, uma "criatura alienada", não se realiza. Os gnósticos dizem que uma pessoa assim "vive imersa na deficiência (o oposto da realização). Porque a deficiência consiste em ignorância: [...] Quem é ignorante, quando atinge o conhecimento, sua ignorância se esvai por si só; assim como a escuridão desaparece com a luz, a deficiência esvai-se com a realização. (Ibid., 24.32-25.3, em NHL 41.)[69]

"Para Deus, falar é fazer; e tal deveria ser sempre a capacidade da palavra, mesmo entre os homens: a verdadeira palavra é a semente das ações".

Éliphas Lévi

---

68. Ibid.
69. Ibid.

CONSELHOS PRÁTICOS, FERRAMENTAS E PROVOCAÇÕES

Depois que percorremos juntos todas as perspectivas quanto à transição do pensamento religioso ao livre pensamento espiritualizado; depois que compreendemos as fases pelas quais essa transição se dá e também mergulhamos em alguns conceitos sobre espiritualidade livre, pensamento gnóstico e o paradigma do culto-clero-dia-templo à luz do conhecimento dos arquétipos e dos mitos, talvez seja interessante trazer neste espaço do livro algumas ferramentas, provocações e conselhos práticos para todos aqueles que estão vivendo essa jornada de autoconhecimento e redescoberta de um sentido de vida que se encontra além dos limites religiosos.

Esses conselhos também são úteis para profissionais que lidam diretamente com a saúde mental e o desenvolvimento pessoal. Me refiro a psicólogos, psiquiatras, *coaches*, mentores e terapeutas que por alguma razão têm em seu grupo de clientes pessoas que estão experimentando situações de abuso religioso e que, após a fase traumática, querem reencontrar o eixo que organiza suas prioridades e as direciona para um caminho de realização do seu potencial de forma leve, segura e produtiva.

Vou fazer referência às fases e trazer algumas provocações, ferramentas e reflexões que podem ser úteis, quer na jornada pessoal daqueles que estão trilhando esse caminho, quer no suporte à intervenção terapêutica.

Adianto que os conselhos, ferramentas e provocações que eu trago são frutos da minha experiência pessoal empírica e devem ser assim considerados: como UMA referência para o trabalho de investigação, desenvolvimento e ressignificação, e não como uma regra absoluta e inquestionável. Afinal de contas, nós já sabemos qual o nome que se dá para conceitos absolutos inquestionáveis...

OS SEM RELIGIÃO

Tudo é questionável! Tudo é interpretativo! Tudo precisa considerar o *background* histórico, cultural e espiritual de cada um dos indivíduos para que se obtenha a máxima eficiência e eficácia no processo de intervenção e ressignificação.

OVELHAS FELIZES

Acho muito pouco provável você estar lendo este livro e estar exatamente nessa fase das **Ovelhas Felizes**, porque, se você estivesse, teria satisfação, pleno senso de sentido e significado, e de fato não precisaria dos conselhos e reflexões deste livro. Este é um livro que simplesmente será invisível a todos aqueles que estão na fase das ovelhas felizes, justamente porque são ovelhas… felizes!

A felicidade é plenitude, é fruto, é produção! Se uma pessoa está produzindo frutos, está realizando, está ativa e constrói diversas conquistas a partir de um significado maior, provavelmente ela não estará em busca dos conteúdos que estão aqui. Mas muitas vezes podemos nos deparar com o início desse processo em que já não somos **ovelhas felizes** e estamos em transição para fase em que a **fé demais não cheira bem.** Esse princípio precisa ser bem trabalhado em nós. Sobretudo se você é um terapeuta, é importante que perceba os sinais que o cliente pode dar ao começar a sua transição: a satisfação plena com os significados oferecidos pela religião ao rebanho pode começar a não fazer mais sentido ou se mostrar de alguma forma limitada. Se isso começar a acontecer, é importante que esse indivíduo comece a equalizar de forma racional a sua relação com a religião.

Quando EU falo de equalizar de forma racional, é porque considero importante oferecermos algum equilíbrio a uma relação que é subjetiva, profundamente emocional, com significados, consequências e desdobramentos espirituais. É justamente porque a pessoa está envolvida emocionalmente por completo com os laços e marcadores sociais oferecidos pela religião que ela encontra dificuldade na construção da clareza daquilo pelo qual ela está passando. Portanto, ferramentas cartesianas podem ser muito úteis nesse caso, como, por exemplo, uma lista escrita de prós e contras. Uma ferramenta bem simples e de fácil aplicação.

Pegue uma folha de papel e faça um risco no meio. Na coluna da esquerda, escreva "razões para continuar nesta religião", e na coluna da direita, "razões para deixar esta religião". Percorra essa jornada ou incentive o seu cliente ou seu paciente a percorrê-la de maneira que liste de um lado as boas razões pelas quais permanecer na religião pode ser uma boa ideia e de outro ele registre as razões pelas quais entende que deveria deixar essa religião.

Incentive a sinceridade completa com frases que lembrem a ele que "nada do que ele escrever nessa lista mudará o que Deus pensa dele", porque "Deus já conhece todos os pensamentos", "nós só estamos colocando-os no papel". Frases como essas podem ser um incentivo para que a pessoa traga a máxima sinceridade possível ao exercício.

Uma vez que a lista esteja pronta, comece a questionar cada uma das afirmações para compreender se elas são de fato lógicas, reais ou meras fantasias que são resquícios dos dogmas e crenças limitantes absorvidos.

Por exemplo, a pessoa pode dizer: "Vou permanecer nesta religião ou acho uma boa ideia permanecer nesta religião porque lá eu tenho um contato com o amor de Deus". A partir dessa afirmação, é possível a gente começar a fazer questionamentos que aos poucos comecem expandir o repertório de perspectivas:

OS SEM RELIGIÃO

- Essa religião lhe oferece uma experiência com amor de Deus? O que isso quer dizer na prática?
- No dia a dia, como essa religião lhe dá sinais do amor de Deus?
- O que precisa acontecer no seu dia para você entender que Deus está lhe dando um sinal de amor? Você precisa ouvir uma palestra que o lembre disso? Precisa participar de um culto?
- Por que que você precisa da religião institucional? O que a religião lhe oferece que você não pode ter sozinho?
- O que a religião lhe oferece que você não pode ter em outros grupos? O que a estrutura religiosa oferece?
- Por que você não pode encontrar outras formas de comunidade?

Comece, com questões, a desconstruir resquícios de dogmas. Amplie, sempre que possível, o repertório de perspectivas. Descortine estruturas dogmáticas que possam estar limitando a perspectiva de mundo. Esse é um momento de alargamento de consciências. Não é necessariamente um processo suave ou um processo fácil, e é preciso ter alguma sensibilidade para compreender até onde a estrutura psíquica de cada indivíduo dá conta do recado.

Diferentes pessoas viverão em diferentes tempos, durante diferentes períodos, diferentes formas de transicionar de uma estrutura para outra, e é importante também que se diga que <u>muitas pessoas ainda precisam daquilo que a religião lhes pode oferecer. O livre pensamento espiritualizado ainda não é para todo mundo!</u>

Pode parecer elitista o meu comentário, mas precisamos ter a tranquilidade de compreender que existem diferentes configurações de consciência, diferentes configurações de personalidade, e, para algumas pessoas, o roteiro culto-clero-dia-templo é um processo extremamente seguro que lhes proporciona desenvolvimento pessoal, senso de pertencimento e significado, além de força de espírito para conquista dos seus objetivos na vida.

> "Espiritualidade e religiosidade são estados emocionais ou condições psicológicas e que independem da religião e da filosofia". Ainda assim, não se descarta a relevância da religião para alguns seres humanos que necessitam da mesma para estimular suas espiritualidades.[70]

Para essas pessoas, a religião ainda tem um papel importante para cumprir. Isso não faz da pessoa religiosa uma pessoa melhor ou pior do que o livre pensador espiritualizado. Apenas demonstra que diferentes perspectivas e diferentes configurações de pensamento requerem diferentes ambientes de desenvolvimento. Cada semente encontra o solo adequado para fazer a sua árvore florescer. Uma semente habituada ao deserto não vai se dar bem em terra úmida, assim como uma semente de mangue não vai conseguir desenvolvimento em terras áridas. A cada semente o seu solo; a cada consciência sua escola evolutiva.

É preciso trazer perspectivas em doses homeopáticas para não violentar uma consciência, tirar-lhe o chão sem oferecer nenhuma alternativa plausível. Eu me lembro de um amigo que era religioso para quem apresentei um humorista americano chamado George Carlin. Carlin foi humorista, comediante de stand-up, ator e escritor, vencedor de cinco Grammys. Era também um

---

70. DITTRICH, Maria Glória; PAHL, Carolina Godinho; MELLER, Vanderléa Ana. Fundamentos sobre o ser humano... op. cit.

OS SEM RELIGIÃO

grande crítico da religião. Em uma de suas peças de stand-up, chamada *Religion is Bullshit* (Religião é besteira), de uma maneira lógica e racional, Carlin destrói, com humor e sagacidade, a estrutura básica de pensamento de qualquer forma de religião ou espiritualidade do ser humano.

Quando se trata de besteira, mas besteira grande, da liga principal, vocês têm que ficar maravilhados com a campeã de todos os tempos de falsas promessas e reivindicações exageradas: a religião. Sem dúvida. Sem dúvida! Religião. A religião facilmente tem a maior história de besteiras já contadas. Pense nisto: a religião realmente convenceu as pessoas de que existe um homem invisível vivendo no céu que observa tudo o que você faz, a cada minuto de cada dia. E o homem invisível tem uma lista especial de dez coisas que ele não quer que você faça. E se você fizer qualquer uma dessas dez coisas, ele tem um lugar especial, cheio de fogo e fumaça e queimação e tortura e angústia, aonde ele o enviará para viver e sofrer e queimar e sufocar e gritar e chorar para todo o sempre até o fim dos tempos!

Mas Ele ama você... (risos irônicos). Ele ama você e precisa de dinheiro! Ele sempre precisa de dinheiro! Ele é todo-poderoso, perfeito, onisciente e onipotente, mas, de alguma forma, simplesmente não consegue lidar com dinheiro! A religião arrecada bilhões de dólares, não paga impostos e sempre precisa de um pouco mais. Agora, quer uma boa história de merda? Santa merda!

George Carlin era genial e também um ateu convicto. Inteligentíssimo, sagaz e de um humor ácido incrível. Esse meu amigo e eu sempre curtimos boas peças de *stand-up comedy*. Era uma linguagem que nos agradava.

Mas naquele momento, e ele faz questão de me lembrar disso até hoje, toda a sua estrutura religiosa e dogmática ruiu diante de boas gargalhadas que demos juntos naquela noite. Ao riso seguiu-se a crise que viria a perdurar por bons anos. Nós éramos amigos, e eu não tinha obviamente nenhum objetivo de colocá-lo em tal situação. Eu mesmo experimentava naquele momento a fase do **segundo rompimento.**

Isso aconteceu porque dinamitamos completamente a estrutura de crenças que era pautada numa ortodoxia bem tradicional sem que estivesse claro diante de nós o caminho a ser percorrido. E muitas pessoas que estão passando pela transição do pensamento religioso ao livre pensamento também não têm clareza sobre o caminho, como as fases que eu trouxe neste livro, e isso pode lhes causar grandes crises de ansiedade, depressão, perda de sentido e desorientação.

Por isso é importante que, ao encontrar uma pessoa que esteja ensejando a transição da fase de ovelha feliz para a fase de profundos questionamentos, que eu chamei de **fé demais não cheira bem**, você procure entender se essa pessoa terá condições de seguir essa jornada de uma maneira sadia e tranquila... se é que isso é possível... Mas é no mínimo importante oferecer suporte continuado ao processo que essa pessoa enfrentará, porque a noite profunda dos questionamentos que virão a seguir será uma fase em que ela precisará de muito apoio fraterno, compreensão e paciência até que os novos conteúdos sejam equilibrados dentro dela.

OS SEM RELIGIÃO

O BURACO DAS PERGUNTAS

As fases **fé demais não cheira bem, sabor amargo de não caber** e **medo da transição** (2, 3 e 5) também têm características bem peculiares que precisam estar claras para uma eventual intervenção terapêutica. Arquetipicamente falando, essas fases são marcadas pelo <u>questionamento intenso</u>, que lembra a história de Alice, que cai no buraco da toca do coelho e mergulha numa realidade nova. O coelho é o movimento que atrai a nossa consciência; o buraco, a experiência que vem para nos transformar.

<u>Fazer as perguntas que ninguém faz é um caminho sem voltas.</u> Questionar a estrutura religiosa é como enfiar a pá para cavar o primeiro buraco. A cada pergunta, uma nova pá de terra é retirada do solo compactado dos dogmas e afirmações que só fazem sentido ao contexto institucional. Quanto mais perguntas fazemos, mais fundo é o buraco que cavamos e maiores são as questões que enfrentamos. As certezas institucionais somem, e o buraco das incertezas aumenta. Uma pergunta nunca é uma pá de terra que fecha o buraco; uma pergunta é sempre uma pá de terra que aumenta o buraco dos questionamentos. Muitas pessoas não querem começar a cavar esse buraco porque elas têm medo de cair dentro dele e nunca mais conseguir sair.

E é essa, de fato, a sensação que temos quando entramos nas fases: ao final de cada resposta, uma nova pergunta surge, e o buraco vai ficando cada vez maior, cada vez mais escuro e cada vez mais desafiador.

Evitar as perguntas não fará o buraco diminuir. É preciso cavar mais fundo, questionar mais fundo, até que a pá que cava o buraco encontre um lençol de águas que fluem livremente, preenchendo buraco e o transformando num grande lago.

O terreno sólido, se é que se pode dizer "sólido", é o dogma e roteiro religioso. Uma vez que a mente racional (a pá) começa a fazer buracos (perguntas lógicas), ele nunca mais será preenchido e firme como antes. Nunca mais encontraremos a firmeza da "certeza absoluta", porque a vida é um movimento de experiências que nos levam a questionar. Mas em determinado momento da nossa jornada, seremos capazes de encontrar esse lençol de água no fundo do buraco dos questionamentos. Um lençol que não é outra coisa senão uma experiência interior que faz sentido e traz significados e valores que são relevantes para nossa experiência de vida.

Onde antes havia a certeza do dogma, da fé, do credo, do roteiro religioso de forma firme compactada como terra, passa a haver o preenchimento de uma forma mais líquida, que é o sentido, o significado e os valores humanos que norteiam as atitudes que nós tomamos. Valores muitas vezes inspirados de forma intuitiva em nossa mente. Valores que de alguma forma fazem sentido para nós e para toda a coletividade. E ao encontrarem ressonância, também nos trazem um senso de pertencimento e de conexão como se não houvesse separação entre a grande família humana.

Eu comparo o preenchimento desse buraco a essas águas porque elas são fluidas, e não rígidas. Elas se adequam e se adaptam. Mas com isso eu também não quero tornar tudo relativo. Pretendo apenas tornar a experiência de espiritualidade humana tão flexível quanto é a sua natureza: o ser humano se adapta, se conecta, se coloca em movimento, e com a espiritualidade não pode ser diferente. Ela precisa se adaptar, se conectar e se colocar em movimento. A gaiola criada pela instituição religiosa quando limita nossa adaptação, conexão e mobilidade limita também o potencial humano de alçar voos maiores.

Essas são fases em que pode ser muito bom buscar pessoas que têm um nível intelectual compatível com as questões que estamos fazendo. Muitas pessoas encontram diversas barreiras quando entram nessas fases porque os seus círculos sociais ainda estão na fase

OS SEM RELIGIÃO

das ovelhas felizes, e a perda de conexão intelectual gera o rompimento com certo pacto religioso não dito. A desconexão é muito grande e faz com que a pessoa que entra nessas fases de questionamentos acabe se isolando, o que pode ser perigoso.

Precisamos aprender a buscar profissionais, terapeutas treinados nas questões da mente e da dinâmica da psique humana, para que essa fase não seja mais traumática do que a anterior. Precisamos encontrar pessoas que tenham condições de acompanhar o nosso processo de questionamento sem julgá-lo, sem emitir juízo de valor sobre eles, sem nos condenar.

É bom poder dialogar com pessoas que consigam pisar o chão onde estamos pisando e não representem o tribunal da inquisição na nossa história. Grupos de apoio e espaços dedicados ao autoconhecimento, além de amigos que já passaram pelo mesmo que nós passamos, podem ser oportunidades interessantes para que a gente encontre novas perspectivas.

Em outras palavras, procure os hereges! Procure entender o que os moveu o seu estado de heresia. Procure antigos amigos que eventualmente parecem ter feito a transição antes de você. Na ausência destes, procure mentores, terapeutas ou pessoas que possam contribuir para o seu processo de questionamento sem julgamento.

O segredo dessa fase talvez seja explorar sentimentos, desejos e necessidades a partir de uma perspectiva humana, e não institucional; pessoal, e não coletiva; individual, e não massificada. Esse olhar humano, pessoal e individualizado pode nos ajudar a compreender a singularidade de cada pessoa.

COMECE PELO SENTIR

Uma investigação conveniente deve começar pelos sentimentos que essa pessoa traz. Foram os sentimentos que despertaram os questionamentos. Quem põe lenha na fogueira da lógica é o sentir. Enquanto o sentimento é bom, satisfatório e preenche nossos espaços internos, enquanto o sentimento motiva e inspira, nenhuma questão é feita, nenhuma pergunta incomoda. Mas quando o sentimento é desconfortável, o questionamento vem para gerar o movimento. Será a partir dos sentimentos que surgirão os questionamentos, e a partir dos questionamentos será importante entendermos quais desejos e necessidades não estão sendo atendidos em nós ou na pessoa a quem nos dispusemos a ajudar.

As necessidades são aspectos humanos comuns a todas as pessoas, assim como os desejos. As necessidades variam de pessoa para pessoa, mas têm um mesmo fundo comum (a própria humanidade). Os desejos já podem ser de alguma forma mais individualizados, moldando necessidades às características pessoais exclusivas de cada um, o que, para mim, está diretamente ligado ao perfil de talentos naturais[71] de cada pessoa.

---

[71]. O conceito de talento natural, com base nos estudos do Gallup Institute, trata de um padrão natural e recorrente de pensamento, sentimento e comportamento. Nossos talentos naturais são os filtros, as lentes através das quais enxergamos e experienciamos a realidade. Como padrão recorrente, eles falam muito sobre aquelas nossas primeiras reações, as mais espontâneas, instintivas, automáticas. Segundo a pesquisa da Gallup, a nossa melhor oportunidade de realizar e obter sucesso está relacionada à autoconsciência e ao desenvolvimento desses talentos naturais. A Psicologia de Pontos Fortes explica que o caminho para você ser extraordinário em algo não está em apenas corrigir ou fortalecer suas falhas, mas em desenvolver aquilo em que você já é naturalmente bom. E assim terá pontos fortes exclusivos e extraordinários. Essa é a base da pesquisa do Dr. Donald Clifton. A Psicologia de Pontos Fortes diz que nossos talentos proporcionam um grande potencial para nós. É por meio deles que alcançamos nosso maior potencial para o sucesso. Mas, para criar pontos fortes, devemos

OS SEM RELIGIÃO

O fato é que precisamos começar a compreender quais são as necessidades mais latentes que a estrutura do credo da crença já não consegue atender para compreender quais serão os substitutos plausíveis onde esta pessoa conseguirá procurar a água que preencherá o seu buraco de questionamentos.

Uma pessoa mais relacional precisará, por exemplo, suprir o seu aspecto de convívio social e construção de relacionamentos; uma pessoa mais intelectiva precisará compreender novas fontes de conhecimento que pautarão sua visão de mundo e atitudes práticas. Alguém mais influente certamente precisará encontrar oportunidades nas quais seus talentos de expressão possam ajudar outras pessoas a descobrirem seu potencial e realizarem seu projeto de vida. Um olhar atento ao perfil de cada pessoa poderá revelar quais medidas lhe serão mais úteis e promissoras para retomar seu movimento de vida.

CONFLITOS, CONFRONTOS E ENCONTROS DO PROCESSO

Da fase 3 à 7, a pessoa estará vivendo um grande conflito. As novas ideias se chocam todos os dias, em sua mente, com os antigos paradigmas. São fases em que a equalização dos prós e contras está desequilibrada e a lista de razões para deixar aquele contexto religioso já é maior do que a lista de razões para nele permanecer.

Embora a lista racional seja maior e mais propensa à transição, provavelmente você vai observar que, na lista de razões para permanecer, mais razões emocionais se encontrarão. São razões de aspectos relacionais afetivos, subjetivos e até mesmo espirituais; e apesar de numericamente as razões mais pautadas pela racionali-

---

começar a exercitar nossos talentos naturais intencionalmente. Saiba mais em https://circuloescola.co/psicologia-de-pontos-fortes/

dade poderem compor uma lista maior, não é sábio subestimar a intensidade dos itens que compõem a lista de razões para permanecer. É a intensidade dessas emoções, sobretudo, que vai causar o maior conflito. E com isso virá o medo de romper com uma estrutura e não encontrar mais um lugar ao qual pertencer.

O medo poderá ser seguido por solidão, rompimento de relações, término de amizades antigas, e isso tudo poderá causar muita ansiedade, além de um estado de tristeza muito forte, nas pessoas que se encontram nesses estágios. A culpa poderá se tornar algoz dos momentos de solidão. E será de fato uma fase solitária, não há como negar.

Ainda que a pessoa busque o suporte terapêutico para viver esse momento, é importante de alguma forma que ela aprenda, a partir dessa solidão, a conviver consigo mesma antes de conviver ou de encontrar um novo grupo e formar uma nova rede de apoio. A transição imediata de um grupo para o outro pode se revelar ainda mais danosa, porque as pessoas tenderão a projetar sobre o novo grupo as expectativas que tinham quanto ao antigo; e o fato é que nenhum grupo ou nenhuma rede dará conta de suprir as expectativas de ninguém.

Por isso é importante estimular a pessoa a que comece a buscar e a encontrar o prazer de estar consigo mesma antes de estar novamente com outras pessoas. Nós só somos capazes de construir relacionamentos de qualidade com os outros quando construímos antes de mais nada um relacionamento seguro e confiante com a gente mesmo, com quem nós somos.

Nessas fases pode ser muito útil estimular a pessoa na construção desses momentos de individualidade e de solitude por meio de boas leituras, bons filmes, séries, documentários e até mesmo con-

OS SEM RELIGIÃO

teúdos online que podem funcionar como pequenas pílulas de razão em meio aos processos emocionais de assimilação da nova condição.

Sobretudo as fases de rompimento serão ainda mais marcadas por estágios de solitude e quebra de relacionamentos sociais. A revolta será o sentimento mais marcante, porque nos tornamos de certa forma pequenos revolucionários anônimos, e nos revolta ainda mais o fato de a nossa revolução pouco prejuízo trazer aos ambientes religiosos em que estávamos. Nós nos sentimos como conspiradores franceses do século XVIII e de alguma forma gritamos a nossa independência, mas, no contexto da instituição religiosa, muito pouco prejuízo conseguimos causar, o que nos revolta ainda mais.

> And I try, oh, my God, do I try
> I try all the time
> In this institution
>
> And I pray, oh, my God, do I pray
> I pray every single day
> For a revolution[72]

Apesar de rezarmos, pedirmos e querermos causar uma grande revolução, a verdade é que ninguém pode provocar a expansão de consciência de ninguém. O despertar para o livre pensamento é um processo individual, interior, que não causa efeitos automáticos

---

72. Música "What's Up?", do grupo 4 Non Blondes. Tradução livre:

E eu tento, oh, meu Deus, eu tento
eu tento o tempo todo
Nesta instituição

E eu rezo, oh, meu Deus, eu rezo
Eu rezo todos os dias
Por uma revolução

em cadeia. É muito mais uma jornada pessoal de redescoberta de si mesmo e de busca de um contexto que seja coerente e condizente com a nova identidade que eu descubro em mim.

Por causa da nossa necessidade de pertencimento, tentamos a todo custo trazer com a gente aqueles que nos são mais caros: nosso companheiro ou nossa companheira, marido ou esposa, nossos pais, nossos filhos, melhores amigos. Mas a menos que haja uma sincronia nos processos individuais dessas pessoas (pode acontecer), dificilmente haverá uma adesão massiva a um processo de ressignificação iniciado por alguém... O que quero dizer é que, se a minha revolução pessoal trouxer consigo várias outras pessoas do contexto originário, talvez eu só esteja criando uma dissidência religiosa, em vez de trilhar um caminho de livre pensamento espiritualizado. E isso deve acontecer com certa frequência, já que no mundo, hoje, estatisticamente falando, cerca de quatro mil novas religiões são criadas todos os anos, das quais duas mil desaparecem antes mesmo de serem contabilizadas pelos pesquisadores, como já vimos.

Digo isso para que você cuide para que a sua revolução faça sentido para você antes de tentar que ela faça sentido para as outras pessoas. Trilhe o seu caminho, percorra o seu trecho de estrada, busque o sentido antes de tentar convencer quem quer que seja.

A HISTÓRIA É MESTRA E ENSINA, MAS NÃO APRENDEMOS A OUVI-LA

Pode ser importante buscar perspectivas históricas que se identifiquem com todas as fases do processo. A história deveria nos ajudar a não repetir velhos erros, e sim tentar errar de forma diferente para nos mover para a frente. As perspectivas que eu trouxe sobre os cristãos gnósticos, por exemplo, são uma ótima

OS SEM RELIGIÃO

alternativa para expandir o ponto de vista das pessoas e começar a desconstruir a influência opressora que o dogma e as crenças limitantes podem ter sobre alguém.

O movimento de transição para o livre pensamento espiritualizado pode ser acompanhado de certo arrependimento subconsciente. Estamos certos, de alguma forma, da nossa decisão. Racionalmente falando, estamos certos da decisão que tomamos e sabemos que já não cabemos mais naquele contexto religioso, e resolvemos dar um passo. Mas alguma coisa dentro de nós tem medo do novo. Tem medo do desconhecido. E é nesse momento que as crenças limitantes podem afetar a nossa capacidade de tomar decisão e reconstruir a nossa vida.

São momentos em que é muito importante confrontar os pensamentos que nos acusam e os medos que trazemos dentro de nós com outra pessoa que já tenha passado por esse processo ou com um mentor ou terapeuta qualificado.

É muito importante vocalizar, verbalizar, expressar a razão pela qual enfrentamos o medo e a insegurança, sem qualquer tipo de julgamento. Não tenha vergonha! Não tenha medo! Não use disfarces. Por mais bobos que os motivos possam parecer... nada é bobo! Nada é irrelevante! Nada precisa ser motivo de vergonha! Estimular a expressão daquilo que nos traz medo, mesmo que isso pareça ridículo, é um caminho para começar a ressignificar. Se você é um terapeuta, crie o *rapport*, a conexão e o ambiente de confiança necessário para que o seu paciente se abra completamente e seja completamente honesto quanto à origem dos seus medos. Muitos deles, é claro, estão baseados em crenças que são fundamentadas em dogmas. E dogmas, eu quero lembrar, são combinados entre seres humanos. Combinados podem ser refeitos! Combinados podem ser ressignificados!

É preciso direcionar a energia mental dessa pessoa para compreender e significar os aspectos da sua espiritualidade de um jeito diferente. Exercícios guiados de meditação e visualização criativa podem ser muito úteis para demonstrar, de forma empírica, que a força mental da pessoa pode ser direcionada para o seu benefício sem necessariamente estar conectada ao ambiente religioso.

No Clube do Aluno do Círculo Escola, desenvolvemos dezenas de exercícios como estes que têm demonstrado um resultado muito positivo para as pessoas que o utilizam. No QR Code ao lado, você pode obter mais informações.

https://circuloescola.com/clubedoaluno

MENOS É MAIS

O ponto importante aqui é o ponto de equilibração, e isso é muito sério. Dentro da teoria do construtivismo de Jean Piaget, toda vez que um novo conhecimento entra em nosso mundo interior ele gera movimento. Mas esse movimento nem sempre é suave, às vezes é brusco. Segundo Piaget, há um desequilíbrio nesse momento, porque aquilo que temos começa a ser afetado por aquilo que está entrando.

Há uma grande possibilidade de surgirem crises ao longo dos próximos meses, por causa da consciência que você está adquirindo neste momento. Essas crises podem ser no trabalho, no casamento, com seus filhos ou familiares, com suas amizades, com a sua comunidade, uma crise atrás da outra.

OS SEM RELIGIÃO

Depois de tantas crises que experimentamos no Círculo Escola, chegamos à conclusão de que só há um modo de não as enfrentar, que é se idiotizando. O idiota é aquele que tem posse de uma informação relevante, mas não faz nada com ela. Quando se cria idiotização, se sistematiza a incapacidade de ação, a incapacidade de reação, a incapacidade de realização. A idiotização é um processo no qual se mantém toda uma população anestesiada. Há uma música conhecidíssima do Pink Floyd, "Comfortably Numb", em cuja letra o sujeito diz que se tornou "confortavelmente anestesiado/entorpecido". Isso é a idiotização da massa.

Idiotização é o contrário de livre pensamento espiritualizado. A idiotização gera anestesia, entorpecimento, e quem vive à base de anestesia não sofre crises. A pessoa vai levando a vida e a vida vai levando a pessoa sem que ela se dê conta. A pessoa vai passando pelos dias, os dias vão passando por ela, e tudo está bem. Quando percebe, já morreu sem fazer nada de útil, de relevante, de significante; não atuou, não aconteceu. Mas quando ela entra em contato com o conhecimento, as coisas são diferentes, pois haverá embates, porque constantemente a pessoa será levada a novos degraus de consciência.

Como em uma escada, a pedagogia da vida prevê saltos e patamares. Existem períodos de grandes saltos de consciência e períodos em que acomodamos e equilibramos os novos conhecimentos na continuidade de um patamar. A vida não é só salto e a vida não é só patamar. Para o pensamento de Jean Piaget, esse processo se chama equilibração: é o movimento de assimilação de novos conteúdos, no qual revemos o que existe dentro de nós diante do novo que nos encontra, e buscamos novas formas de integrar isso ao contexto funcional de nossa vida.

Por experiência própria, posso dizer que não é legal sair por aí de forma frenética assimilando todo e qualquer tipo de conteúdo por aulas, palestras, vídeos etc. como na fase do **espiritualista bêbado.** É preciso ter consciência e assimilar o ritmo certo de crescimento, dar a você, nesse novo período de jornada, a possibilidade de assimilar e se reequilibrar. Qualidade é mais importante que quantidade. Menos é mais.

VOZES QUE FALAM NA SUA CABEÇA

"Harry Potter: Professor, isso é real, ou está acontecendo somente na minha mente?

Alvo Dumbledore: É claro que está acontecendo na sua mente, Harry, mas por que isso deveria significar que não é real?"

Harry Potter e as relíquias da morte – Parte II

A mente humana é o maior mistério a ser desvendado pelo ser humano. Curiosamente, é também a ferramenta para realizar esse trabalho e o caminho a ser percorrido. Depois de mais de 25 anos de busca e experiências transcendentais, investigando, experimentando e elaborando racionalmente a dinâmica da minha própria mente, estou chegando a uma conclusão que pode parecer muito pouco razoável a boa parte dos leitores, mas certamente não o será para você que chegou até este ponto do livro...

O fato é que percebo que poucos (ou quem sabe nenhum) dos meus pensamentos foram pensados sozinhos. Sinto que nenhum dos meus sonhos mais loucos eu sonhei sozinho. Tenho a viva impressão de que a minha mente é populada por pensamentos que não ousaria chamar de "meus", porque o pronome possessivo simplesmente não é aplicável.

Ao escrever essas linhas finais, percebo que diversas vozes falam simultaneamente em mim, costurando conceitos, amarrando ideias, ancorando sugestões práticas de atitudes que podem mover pessoas ao encontro de si mesmas.

Vozes que me confrontam; vozes que concordam comigo; que me trazem citações preciosas, que me lembram de tudo o que aprendi, mas também me ensinam outras tantas coisas que jamais sequer sonhei alcançar com o intelecto que tenho.

De onde elas vêm? Quem é o autor da voz que fala comigo dentro de mim? Teria a força criadora do universo tempo disponível na agenda para participar do ininterrupto diálogo que acontece em mim? Ou são amigos e colaboradores de outras dimensões que se dispuseram a realizar comigo a empreitada deste livro?

Você deve estar formulando suas próprias hipóteses sobre as minhas indagações, e pode ter certeza: eu também tenho as minhas. Vi-

OS SEM RELIGIÃO

sito e revisito constantemente esses conceitos buscando a lucidez que tanto almejo ao falar das coisas espirituais. São esses conceitos deveras subjetivos, intangíveis e de difícil análise, já que o conceito, o objeto e a ferramenta de análise são uma coisa só: minha própria mente.

Mas se há algo de concreto que os pensadores que vieram antes de mim compreenderam é que, pelos efeitos práticos e visíveis no plano físico da realidade, podemos investigar as causas que os moveram. Em outras palavras: a experiência espiritual com as vozes que falam em nós é tão real quanto os movimentos e atitudes concretas que dela se realizam.

Eu me explico. Em uma de minhas últimas aventuras institucionais, eu já estava superando a minha fase de espiritualista bêbado e tinha um ótimo projeto profissional que parecia promissor. Eu me entreguei de coração a esse projeto, que parecia trazer todo o sentido que eu sempre havia buscado. Mas no seu ápice, no momento mais promissor, com todas as possibilidades latentes dando provas de que se realizariam diante de nós, houve um brusco interrompimento, o projeto foi descontinuado e fui praticamente descartado (ou outra vez expulso?) simplesmente sem qualquer razão aparente.

Sabe, confesso que já fui expulso de algumas instituições, mas esse projeto em particular mexeu profundamente com os meus sentimentos. Eu havia dado muito de mim para construir essa instituição e fazer o seu potencial florescer.

De alguma forma, a dor que sacode os nossos sentimentos e nos leva muitas vezes a um estado de derrota pode ser também uma maravilhosa porta para a nossa intuição, já que o fluxo das informações e vozes que falam em nossa mente parece encontrar uma espécie de lubrificante em nossos sentimentos genuínos e sinceros.

E foi precisamente em meio a esses sentimentos vívidos e honestos, quando toda pretensão e toda aparência externa cessaram e comecei a me questionar por que, mais uma vez, eu estava sem um lugar para pertencer, que os meus pensamentos e indagações todos silenciaram em reverência a um pensamento cuja voz era mais forte que toda a confusão emocional que havia em mim.

"Desista de caber em lugares que já não comportam o tamanho de quem você se tornou. Honra, agradeça e segue em frente!"

Quem foi que me disse isso? Deus? Meu anjo da guarda? O Espírito Santo? Meu mentor espiritual? Algum espírito? Meu Eu superior? Honestamente, eu não sei. O que eu sei é que cada uma dessas palavras reverberou em todas as células do meu corpo, dissipou toda a tristeza que turvava a minha mente e fez uma parte de mim renascer para o novo. Você sabe que uma experiência espiritual é real quando ela muda a sua vida, muda a forma como você vê o mundo, molda as suas atitudes a partir de valores novos que foram comunicados diretamente ao seu coração.

"Embora esteja oculto em todas as coisas", dizem os hindus, "o Espírito não se mostra; no entanto, é visto por videntes refinados de mentes superiores e aprimoradas". "Racha o cajado", diz um aforismo gnóstico, "e ali está Jesus."[73]

O pensar, o sentir e o agir são um só *continuum* da experiência espiritual que faz de nós livres pensadores espiritualizados. Pense, sinta e aja a partir do seu centro espiritual. "A vida não gosta de esperar. A vida é pra valer, a vida é pra levar. Vini, meu velho, saravá!"

---

73. CAMPBELL, Joseph. *O herói de mil faces...* op. cit., p. 141.

Livros para mudar o mundo. O seu mundo.

Para conhecer os nossos próximos lançamentos
e títulos disponíveis, acesse:

🌐 www.**citadel**.com.br

f /**citadeleditora**

📷 @**citadeleditora**

🐦 @**citadeleditora**

▶ Citadel – Grupo Editorial

Para mais informações ou dúvidas sobre a obra,
entre em contato conosco por e-mail:

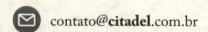 contato@**citadel**.com.br